汪精衛與現代中國系列叢書 07

汪精衛
政治論述
文章・演講・書信・電報

匯校本
上
1904-1907

U0064984

書評讚譽

僅只一人的事跡和資料，卻足以讓我們跳脫傳統視野，
對近代中國的歷史經驗得到嶄新的認識。

美國聖邁可學院歷史學系榮譽退休教授　王克文

這套歷史文獻，見證了一個民族主義與和平主義
的信仰者，在天翻地覆的大時代裡，曲折離奇
的救亡經驗。它是認識汪精衛，也是理解這個時代
特質不可或缺的材料。

前東海大學文學院院長　丘為君

非歷史學家左湊右湊的「證據」，它是一手資料，
研究近代史的人都要看這套書不可！

《春秋》雜誌撰稿人、歷史學者　李龍鑣

為華文世界和大中華文化圈的利益計，
這套書值得我們一讀。

著名傳媒人　陶傑

過往對汪精衛的歷史評論，多數淪為政治鬥爭的宣傳工具，
有失真實。汪精衛一生：有才有情，有得有失，
有勇有謀，有功有過。記載任何歷史人物必須正反並陳，
並以《人民史觀》為標準。基此原則，汪精衛的歷史定位，
有必要重新檢視，客觀定論，一切從這套書起。

歷史學者　潘邦正

這套書非常適合歷史研究者閱讀，這無須多言，
更重要的是，書中呈現的不只是政治家
的汪精衛，還是一個活生生的人，有笑、有淚、
有感情、有情趣。

文獻學博士　梁基永

從學術嚴謹的角度來看這套書，
有百分之二百的價值。

東華大學歷史學系副教授　許育銘

這套書最重要的意義在於讓一個歷史人物可以
在應該有的位置，讓他的著作可以被重視、被閱讀、
被理解，讓我們更貼近歷史，還原真相。

國立臺灣師範大學歷史學系教授　陳登武

研究汪精衛不可或缺的資料！

三聯書店出版經理　梁偉基

這六冊巨著是研究汪精衛近年來罕見的重要
史料，還原了一個真的汪精衛。

《亞洲週刊》記者　黃宇翔

這套書為我們提供了研究汪精衛的珍貴資料，
包括自傳草稿、私人書信、政治論述、
詩詞手稿、生活點滴、至親回憶等，其中有不少是從未
面世的。閱讀這套書可以讓我們確切瞭解他的人生態度、
感情世界、政治思想、詩詞造詣，
從而重新認識他的本來面目。

珠海學院文學與社會科學院院長　鄧昭祺

不管對有年紀或是年輕的人來說，
閱讀這套書都是很好的吸收與體會。

時報文化董事長　趙政岷

汪精衛與現代中國系列叢書 07

汪精衛
政治論述

匯校本
上

1904-1927

文章·演講·書信·電報

八荒圖書
EIGHT
CORNERS
BOOKS

汪精衛與現代中國系列叢書 07

汪精衛
政治論述
匯校本 上
文章・演講・書信・電報
1904-1927

Wang Jingwei's Political Discourse —
Newly Compiled and Revised Edition, Volume I

國家圖書館出版品預行編目(CIP)資料

汪精衛政治論述匯校本：文章.演講.書信.電報 / 汪精
衛作；何孟恆彙編. -- 新北市：華漢電腦排版有限
公司, 2023.09
　　面；　　公分. -- (汪精衛與現代中國系列叢書；7)
ISBN 978-626-97742-2-7 (全套：平裝)

1.CST: 汪精衛 2.CST: 學術思想 3.CST: 政治思想
4.CST: 文集

570.92　　　　　　　　　　　　112014310

作　　　者 ― 汪精衛

彙　　　編 ― 何孟恆

執 行 主 編 ― 何重嘉

編　　　輯 ― 朱安培、李耀章

設 計 製 作 ― 八荒製作 EIGHT CORNERS PRODUCTIONS, LLC

台 灣 出 版 ― 華漢電腦排版有限公司

地　　　址 ― 新北市板橋區明德街一巷12號二樓

電　　　話 ― 02-29656730

傳　　　真 ― 02-29656776

電 子 信 箱 ― huahan.huahan@msa.hinet.net

出版年月：2023年9月2日

ISBN：978-626-97742-2-7

定價：NT$1800（三冊不分售）

本著作台灣地區繁體中文版，由八荒圖書授權華漢電腦排版有限公司獨家出版。

代理經銷：白象文化事業有限公司

地址：401 台中市東區和平街228巷44號

電話：04-22208589

版權所有　翻印必究。本書保留所有權利。欲以任何形式重製、改作、編輯本書全部或部分
內容，須先徵得汪精衛紀念託管會之書面同意或授權。本書序文版權為許育銘所有。

為了能適當註明來源，本書已採取一切合理之努力確認所有文獻的作者、所及其他適用權
利。如您認為您所擁有之文獻未有正確註明來源，請聯絡 The Wang Jingwei Irrevocable Trust,
Post Office Box 1561, New York NY 10013 USA。

Copyright ©2023 by The Wang Jingwei Irrevocable Trust

Preface Copyright ©2019 by Hsu Yu-ming

All rights reserved. No part of this book may be reproduced in any form or by any electronic or
mechanical means, including photocopying, recording or by any information storage and retrieval
system, except in the case of brief quotations embodied in articles or reviews, without the expressed
written permission of The Wang Jingwei Irrevocable Trust, except as permitted under International
copyright law. For permission requests, write to The Wang Jingwei Irrevocable Trust, addressed
"Attention: Permissions Coordinator," at the address above.

eightcornersbooks.com | wangjingwei.org

汪精衛紀念託管會獻給何孟恆與汪文惺

上冊目錄

書評讚譽   II

書名頁   V

版權頁   VI

獻言   VII

上冊目錄   VIII

前言   X

引言｜何孟恆   XII

序｜許育銘   XIV

編輯前言   XIX

政治論述

一：留日與革命（一九〇四至一九一一年）

民族的國民（其一）   3

民族的國民（其二）   24

與漢民書   39

再與漢民書   44

與南洋同志書   46

留別孫中山先生書   49

論革命之趨勢 　　　　　　　　　　　　　　　　51

革命之決心 　　　　　　　　　　　　　　　　　73

庚戌年被逮第一次親筆供辭 　　　　　　　　　　78

庚戌年被逮第二次親筆供辭 　　　　　　　　　　80

二：民國成立到孫中山逝世 （一九一二至一九二五年）

致南洋同志書 　　　　　　　　　　　　　　　　98

巴黎和議後之世界與中國‧緒論 　　　　　　　102

三：國民黨權力鬥爭與國民革命 （一九二五至一九二七年）

國際問題草案 　　　　　　　　　　　　　　　115

復張靜江書 　　　　　　　　　　　　　　　　173

四月七日寄李石曾的一封信 　　　　　　　　　174

夾攻中之奮鬥 　　　　　　　　　　　　　　　179

寧漢合作之經過 　　　　　　　　　　　　　　182

與南京代表團商榷恢復中央黨部之經過 　　　　187

武漢分共之經過 　　　　　　　　　　　　　　194

關於廣州十二月十一日事變之宣言 　　　　　　209

個人引退之電報 　　　　　　　　　　　　　　215

書目表 　　　　　　　　　　　　　　　　　218

鳴謝 　　　　　　　　　　　　　　　　　　222

前言

———◆———

我的革命決心，固然始終沒有改變；
而我對人對事的態度卻不免時有改變。
但所以改變的理由，我無不講出來。
至於理由的對不對，
則我願接受現在和後人的評論。

—汪精衛

1943年汪精衛攝於南京

引言｜何孟恆

汪精衛早歲追隨孫中山先生參加中國國民革命，為中華民國建立者之一。中山先生逝世後，汪氏即膺重責，為第一任國民政府主席。一九三二至三五年一段非常時期，汪氏歷任總揆，一九三五年十一月，遭政治暗殺，不遂，仍繼續參預政府最高決策，並為國民黨反專制反軍閥的一羣人的中心。蘆溝橋事變，中日發生戰爭，汪氏認為中國抗戰無望，因而提倡對日和平，更於太平洋戰爭中與日本合作。一九四四年，舊創復發，赴日就醫，十一月，病逝名古屋。他的一生與民國歷史不可分離，而他的最後一個階段卻最為世人所詬病。

究竟當時事實真相如何，詳情仍然有待史家細心的發掘和嚴正的剖析。提起中國現代歷史，就不能夠撇開推翻滿清的革命運動，因此也不能無視於革命黨人中之一的汪精衛。要研究民國成立後到中日戰爭，以至其後中國共產黨取得政權這一段的史實，也就不能無視於一直是國民黨中堅分子之一的汪精衛。他的一生，為功為過，將來自有讜論，其人其事是不能一筆抹殺的。

有關上述的一段過程，離開現時雖然還不算久遠，但為避免事實湮沒，保存歷史完整，現在着手搜集資料，已經是時候了。

汪氏在他的〈自述〉裏說過，拿生平的演講和論說當做自傳是最真實的。雖然，自己的著述有時未必就是研究他本人的全部資料；不過以他自己的政治論述來追尋他的思路，印證他的事迹，這道路方向是對的。希望這一分年表能成為這宗研究工作的一片基石。

原載何孟恆《汪精衛先生政治論述年表》

●

何孟恆，本名何文傑，筆名江芙，廣東中山人，妻汪文惺是汪精衛的長女。南京國民政府期間擔任陳璧君的秘書；抗戰後在老虎橋監獄待了兩年半；及後與妻女赴港，並進入香港大學植物系任實驗室主任；二〇一〇年與妻子創辦了汪精衛紀念託管會。是次系列得以出版，有賴何孟恆書寫、謄抄、分析、研究及整理的資料，其著作還有汪精衛紀念託管會編、時報文化出版的《何孟恆雲煙散憶》以及《汪精衛生平與理念》。

序｜許育銘

相當榮幸應汪精衛紀念託管會的邀約，為本書寫一篇序言。本人從事汪精衛研究雖然有一段時間，但是仍覺能力嚴重不足，能見到本書的出版，感到內心一陣期待甚久的喜悅。現今對於汪精衛在現代中國的歷史地位問題，其實有很多不同的聲音。在早期的國民黨史觀及共產黨史觀下，強調革命與民族主義的時代，線性化的歷史敘述形成過程中，汪精衛被打成反面歷史人物。但此類的看法，很早就受到西方史學界的質疑，更提出不同的看法，從詞彙的否定性走向中性用法，但是至今仍未形成共識的用法。另一方面，隨着時間的演進，「中華民國在台灣」時期的年數，已經遠遠超過「中華民國在大陸」時期的年數。時間慢慢地沖淡歷史記憶，國民黨史觀的合理性也隨着逐漸崩潰，蔣介石所受的批判甚至超過汪精衛，所以現今海峽兩岸對汪精衛評價的差距逐漸變大，用所謂的多元說法，取代未有定性。

恩師蔣永敬先生前不久才過世，本人之所以從事汪精衛研究受恩師影響甚大。恩師最喜歡將國民黨史中的胡漢民、汪精衛、蔣介石三人做比較，即便他的遺著《多難興邦》一書，也是在談這三個歷史人物在一九二五年到一九三六年期間的分分合合，附錄還有一篇簡短中肯的〈汪精衛傳〉，值得一般讀者參考。恩師在書中結論提到，汪精衛的歷史評價，雖然不及蔣、胡，但汪在國難期間，「對日一面交涉、一面抵抗政策，以外交掩護軍事，配合蔣以剿共掃除地方軍人割據，取得對日備戰及建設時機。汪氏之功，不可沒也。」這樣的評價可謂極為客觀，也推翻了一成不變的蓋棺論定，歷史人物在不同時期的表現可以作不同的評價。同樣地，同一時期的正反不同的評價或看法，吾人亦皆應納入客觀研究的視野內。

周作人曾經說汪氏其精神，臨難不苟，大義所在，勇往弗躓，正如佛氏之拾身飼餓虎，悲天憫人與生俱來，不惜以一身而救天下，乃今世之「菩薩行」。周氏之言，過譽甚矣，但是代表當時人的另一種看法。追隨汪氏或認同汪氏行動的人，來來往往很多，汪還曾被稱作過「改組派」的精神領袖，而汪氏這領導者的政治基礎正是他所寫的政論為人們所相信的理由。另一方面，吾等從諸多歷史研究或歷史敍述文本中，可以看出一個關於如何論述汪精衛在基本上的盲點，那就是常常以他人或同時代人的論述或批評來觀察汪氏，往往不是從汪氏的自身出發來看待。我們可以簡單地回到自我與他者的問題。如果要從汪氏的自我出發，自然是看其言行，汪氏本人的言說與政論便是最基本的東西。但是以往關於汪氏的言說與政論並未有系統整理，或取得不易，因此說要貼近汪氏來作觀察，很明顯產生頗大的距離。所以，本書很大的一個貢獻，便是大幅地縮短了現代人認識汪精衛的距離，提供了對汪精衛政治地位形塑過程與汪精衛派系團體追隨者意識型態的討論研究基礎。

本書收集的汪精衛的政論文章，多曾已公開發表，來源來自民國時期當時的出版品如《汪精衛先生文選初集》、《汪精衛言行錄》等等，再加上期刊報紙刊載者，如一般罕見的《中華日報》、《南華日報》等。何孟恆先生及何重嘉女士極為有心，也花費許多的工夫，先收集這些資料再加以整理。其實還有很多散佚不可得，有些政論文章的原稿，甚至還保存在國民黨黨史館等史料收藏機構，閱覽時還可以看到許多汪氏親筆與修改的痕跡。當然還有許多未曾公開或不允公開的汪氏史料，仍舊靜靜躺在檔案館中，等待在歷史長河中擺渡的機會。

史料本身的背後也常常隱藏許多的故事。例如汪精衛行刺清攝政王一事，是汪精衛成名事蹟之一。當時與汪榮寶、何震彝、翁之潤合稱「江南四公子」之一的楊圻（雲史），是當時在北京享負盛名的學者。曾謂汪精衛的庚戌一役，是心中但有民族兩字，忘一己為何物，如同興漢三傑之一的張子房，

「雖一擊不中，而氣包寰宇，天下欽仰，是大勇也。」汪當時抱必死之心，在清廷詢問中，歷述一篇長數千言的供詞，以表明自己的革命意志。但是當時口供並未流出，外界傳誦甚久的是汪在獄中的賦詩，「慷慨歌燕市，從容作楚囚。引刀成一快，不負少年頭。留得心魂在，殘軀付劫灰。青磷光不滅，夜夜照燕台。」因此在民國成立之後，此口供自然成為罕見的珍貴文獻，但是當時都認為口供散失無存，所以很多不同時期出版的汪精衛文集或言論集都沒有收錄。據林柏生所述，供詞有三份，第一份存於民政部，因為肅親王善耆時任民政部尚書，愛惜其人及供詞，特令民政部抄一附件，收藏於私邸，這份口供相傳字跡極為工整。第二份口供存於法部，輾轉歸檔案保管處，後來又運往南京，形成殘篇斷簡，最後失其所在。第三份存於大內乾清宮，即肅清王與司法大臣紹昌合奏之稿，後來案件移入養心殿，一九一五年醇親王擬修清季史略，案件又移至什剎海的攝政王府，其中包括此案的右翼技勇隊報告，提督及法部問供，民政部及法部兩部奏摺，連同硃批皆在其內。一九二四年馮玉祥將溥儀從紫禁城驅走後，醇親王府將大部分物件都運至天津，後來再盡數他運，不知去向。

但戲劇性的發展是，後來成為知名藏書家的張伯楨（廣東番禺人），與汪精衛同樣是清末廣東派出的留日學生，因此被認為是與汪氏同年同鄉。張曾參與同盟會活動，後來也寫出許多關於革命活動事蹟的內情，如《同盟會革命史料》、《華興會革命史料》等等。張於一九〇八年回國，受聘為兩廣方言學堂教授。一九一〇年赴北京參加廷試，任法部制勘司主事。因此當辛亥革命發生後，汪氏被清廷釋放出獄，當時在清廷法部工作的張伯楨便成為唯一的迎接者。張伯楨自民國成立直到一九二八年政府機關遷南京為止，始終名列司法部監獄司第一科長之職。張由於任職法部之便，得以接觸卷宗，從法部檔案中錄出汪氏的庚戌被逮供詞，收錄於其所編的滄海叢書第一輯，汪的供詞也是自始海內才有傳本。後來張柏楨之子張江裁，同樣也是藏書家，還曾出任汪政權的監察院秘書，更編著《汪精衛先生庚戌蒙難實錄》與《汪精衛先生行實續

錄》，而其中有大量原始資料為學界重視。或許正是這樣的淵源，等到一九八三年，非常罕見地，大陸第一歷史檔案館在《歷史檔案》發表清末汪兆銘被捕後的供單及有關史料。此供單則是原存第一歷史檔案館軍機處月折包內，係宣紙墨筆書寫，長約三百一十三點五公分，寬約二十點五公分，是清方之過錄，非汪之親筆。但事實上汪的供詞分成兩次，本書據張柏楨的滄海叢書，也都將兩次的供詞收錄，提供讀者更完整的資訊。雖然不能說是再度重見天日，但亦是難得之快舉。

在汪精衛的政治生涯中，有兩段時期不為主流或所謂正統所接受，一是二〇年代反蔣運動時期，二是抗戰脫離重慶陣營之後。這兩個時期汪氏的言論主張，想要保存下來自會受到很大的限制。由於汪氏最擅長的便是宣傳，搖筆桿寫文章的功力自同盟會時代開始，便極為厲害。一旦汪氏的政治行動受到打壓，自然地言論主張也會遭到封鎖。因此在這兩個時期之外，如汪蔣合作時期，汪氏的政論文章，可以說隨處可見。相對地，這兩個時期裏關於汪氏的政論文章被封殺的情況很多。一九二九年三月十四日上海的小報《福爾摩斯報》有一小則記事，可以說明這種情況。該記事標題為「字紙簍中之汪精衛宣言」，提到汪精衛、陳公博等國民黨左派中央委員十四人在三月八日聯名發表一關於黨務政治的重要宣言（即本書所收錄的〈關於最近黨務政治宣言〉），此宣言稿有千餘字，於三月十二日由太平洋通信社分送各大報，但由於此宣言抨擊當時的政局與黨務，對國民黨第三次全國代表大會的代表產生方法尤其不滿，結果第二天，沒有一家報紙為之刊載。也因為像類似這樣的情況，後來這兩個時期汪的政論文章公開流傳下來的並不多，尤其是在抗戰汪政權時期的政論文章，更不被國共兩陣營所允許。然而本書則收集許多關於這兩個時期，至今難得一見的政論文章，彌補了時代斷裂，因此本書在重塑對汪精衛研究的一貫性上也做出具體的貢獻，值得肯定。

　　以往曾有研究者進行汪精衛研究後，所得出的結論是汪氏是一個權力慾望很重的人，其實這樣的結論過於片面，因為「權力慾」與「責任心」有時難以區分，對政治人物而言或許就是一體兩面的問題，不在其位又如何善盡其責？想要作區分最好還是有所依據，相信本書的出版，定能讓想要瞭解汪精衛真實面目的讀者，透過本書提供的史料，而更具有深入判斷的依據。

●

許育銘，國立政治大學歷史研究所碩士，日本立命館大學文學博士。曾任日本慶應大學地域研究所訪問研究員等，現為國立東華大學歷史學系副教授。專攻近現代中日關係史與民國史。著有《汪兆銘與國民政府一九三一─一九三六年對日問題下的政治變動》等。

編輯前言

————————————◆————————————

　　《汪精衛政治論述》全三冊匯校本為《汪精衛與現代中國》系列叢書[1]之一，初版早於二〇一九年面世，為了解汪氏生平提供大量一手史料。是次託管會推出匯校印刷版，期望讀者能在當下細味汪氏的思想與心路歷程，或有別趣。

　　初版根基源於何孟恆的工作。何氏曾編撰〈汪精衛‧現代中國〉[2]，按時序記述汪氏一生及諸多汪氏政治寫作、演說等，該文現收錄於系列叢書之《汪精衛生平與理念》中。託管會據何氏一文訂本書目錄，並以方君璧贈予何孟恆十五冊的汪氏著作為基礎，輔以何氏收藏的手稿及報章，校訂成《汪精衛政治論述》。

　　初版發行後，託管會繼續搜羅汪氏其他散佚文字，並發現因當時政治、戰爭或編輯等等原因，各種公函、報刊、手稿版本之間有着不少相異與分歧。有見及此，託管會以現存各種材料與初版再作仔細校訂。當中有資料錯誤者，如各版本誤植「庫爾纏」為「庫肅纏」、「陳名夏」為「陳同夏」；有據其他版本訂正錯誤者，如〈民族的國民（其一）〉中「故聲其罪而懲艾之」誤植為「故聲其罪而懲文之」；有版本不同而需引歷史校正者，如〈國際問題草案〉中，《汪精衛先生的文集》作「中國黃河以北」、《汪精衛文存》作「中國黑河以北」；有版本內容相異而需據文意訂正者，如〈國際問題草案〉中，

1《汪精衛與現代中國》由汪精衛紀念託管會編，時報文化出版，系列除了《汪精衛政治論述》外，還有《汪精衛生平與理念》、《汪精衛詩詞新編》、《汪精衛南社詩話》、《獅口虎橋獄中寫作》和《何孟恆雲煙散憶》，首度公開諸多親筆手稿。

2《汪精衛‧現代中國》未曾出版，Worldcat有該文條目，但誤列汪精衛為作者。

《汪精衛先生的文集》作「畢竟也還不少」、《汪精衛文存》作「畢竟也還不多」等。

面對各種版本相異，編輯團隊不敢隨意修改，以免曲解汪氏原意。故先盡力搜尋歷史文件及史料作證，再考汪氏原文及其寫作習慣，最後方就過千條相異開會決議，務求所有校訂客觀持平、任何改動有根有據。再者，汪氏文字中引用、收錄的資料龐雜，以往版本往往羅列其中而未加疏理，本次匯校即就此加以編輯。如〈覆駐法總支部函〉中，汪氏收錄七條甯漢之戰時期的電文，現存版本僅為全錄，標注之日期亦復錯誤。匯校版特按時序重新排列，令讀者更易掌握事態發展及時局脈絡。

匯校本亦非單單「搬字過紙」。汪氏身處的時代，除了千年以來的帝制被推翻外，千年以來的書寫習慣亦煥然一新。由晚清文言、民初白話到後期較成熟書面語，當中的斷句及標點運用都與時下習慣大相逕庭。尤其是民初時代西方標點剛剛被引入，運用方式尚未有一致定論，加上汪氏揮筆直書時往往省卻標點，導致即使同一篇汪氏文章，不同報刊亦有不同處理手法，造成語義混亂。編輯團隊亦特此重新審訂全書的標點斷句，務求在不影響原意的情況下，令讀者的閱讀更為順暢。

汪氏文章旁徵博引，部份引用資料早已散佚、難以考究。編輯團隊已然盡力，不敢說是此匯校已十全十美。惟祈盡善盡美，謹將汪氏的心路歷程披瀝於世，餘者還請匡正。

以下就全書編輯凡例，加以說明：

一、匯校本共分上中下三冊，文章依時間順序排列，並按《汪精衛生平與理念》的標題劃分章節。第一冊由一九〇四至一九二七年，聚焦在汪精衛早期革命到擔任國民政府主席之經歷；第二冊從一九二八到一九三八年，見證南京十年間汪氏工作及其離開重慶；第三冊由一九三九至一九四四年，貫穿汪精衛和平運動到成立政府後的最末時光。

二、汪精衛書函、電報按其所寫之日期為準；政治論文按出版日期為準；演講、宣言、廣播、訓詞一律按發表日期為準。

三、本次匯校使用多種材料，包括報章、期刊、電文、公函、書籍等，資料出處一律附於每篇文章末處。〈國際問題草案〉、〈最後之心情〉文末另附本書編輯補充。

四、本書收錄汪精衛部份文章親筆手稿掃瞄，一律附於每篇文章末處，其原稿部份現藏於胡佛研究所圖書檔案館，何孟恆舊藏十五冊汪氏文集及其整理之工作則存於哥倫比亞大學東亞圖書館。

五、為方便閱讀，本書將統一部份生僻異體字，如「礟」轉為「炮」。

六、汪氏原有注釋以 "（　　）" 標示；本書編輯之補充說明及訂定，以 "（不同字體）" 標示。其他標點據時下用法，不另說明。

七、汪氏用語具粵語特色，如以「一曰、一曰、三曰」舉例，其意為「一方面、另一方面、再者」，此類用語一概保留。

八、如有手稿存世，文本、斷句當以手稿為準。

方君璧給何孟恆的這套書是汪精衛政論文集裝訂成冊的影印本，上面有方君璧的印章，也有何孟恆為校正文章而留下的字跡，是《汪精衛政治論述》資料來源的基礎，共十五冊，另有一冊為汪精衛詩詞集《雙照樓詩詞藁》。

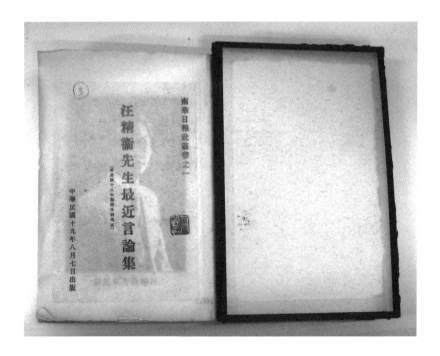

顧以革命之事，條理萬端，
人當各就其性之所近者擇一而致力焉。
既致力於是，則當專心致志死而後已，
然後無負於初心也。

一汪精衛
本冊頁46-48

政治論述

一：留日與革命
（一九○四至一九一一年）

民族的國民（其一）

乙巳年十月三十日（一九〇五年十一月二十六日）

　　嗚呼，滿洲入寇中國二百餘年，與我民族界限分明，未少淆也。近者同化問題日益發生，此真我民族禍福所關，不容默爾。故先述民族同化之公例（凡文字必嚴著述之辨，著者自發其思成一家言，故有所徵引必詳所出。述者本諸舊聞連綴成辭，大概分譯述講述二種，未嘗自居己作，故所徵引可略所出，亦以難於毛舉也。於此不辨而崇剿說，則是以士君子而為盜賊之行，故附識於此），次論滿族之果能與吾同化否，以告我民族。

　　民族云者，人種學上之用語也，其定義甚繁，今舉所信者。日民族者，同氣類之繼續的人類 團體也。茲析其義於左：

（一）同氣類之人類團體也

　　茲所云氣類，其條件有六：

一、同血系（此最要件，然因移住婚姻，略減其例）

二、同語言文字

三、同住所（自然之地域）

四、同習慣

五、同宗教（近世宗教信仰自由，略減其例）

六、同精神體質

此六者皆民族之要素也。

（二）繼續的人類團體也

民族之結合必非偶然，其歷史上有相沿之共通關係，因而成不可破之共同團體，故能為永久的結合，偶然之聚散非民族也。

國民云者，法學上之用語也。自事實論以言，則國民者，構成國家之分子也。蓋國家者，團體也。而國民為其團體之單位，故曰國家之構成分子。自法理論言，則國民者，有國法上之人格者也。自其個人的方面觀之，則獨立自由、無所服從。自其對於國家的方面觀之，則以一部對於全部而有權利義務。此國民之真諦也。此惟立憲國之國民惟然，專制國則其國民奴隸而已，以其無國法上之人格也。

準是，則民族者自族類的方面言，國民者自政治的方面言，二者非同物也，而有一共通之問題焉。則同一之民族果必為同一之國民否？同一之國民果必為同一之民族否？是也。

解決此問題有二大例：

（一）以一民族為一國民

凡民族，必被同一之感蒙、具同一之知覺，既相親比以謀生活矣。其生活之最大者為政治上之生活，故富於政治能力之民族，莫不守形造民族的國家之主義，此之主義名民族主義。蓋民族的國家，其特質有二：

一曰平等。自有人類，即有戰爭。戰勝民族對於戰敗民族牛馬畜之、不齒人類，古之希臘所征服者悉以為奴隸，是其例也。若一民族，則所比肩者皆兄弟也，是為天然之平等。

　　二日自由。非我族類，其心必異。戰勝民族對於戰敗民族必束縛壓抑之，不聊其生而死其心，以求必遲。若一民族，則艱難締造、同瘁心力，故自由之分配必均。

　　以是之故，民族主義為人性所固有。即或民族，中更變亂、為強所弱、四分五裂、不能自存，而民族主義淬而愈厲。困苦百折，卒達其目的而後已。舉例以言，羅馬帝國瓦解後，民族主義代世界主義而興。英吉利之亨利八世及大僧正威爾些[3]之事業、法蘭西之路易十一世之事業、大僧正里些流[4]之事業及亨利四世之事業，皆貫徹此主義者也。

　　十九世紀之初，日耳曼民族分屬聯邦，無統一之觀念，遭法蘭西蹂躪，憬然思變，實行民族主義，卒合二十五聯邦而成德意志帝國。意大利民族自帝國破滅後邦分離析，受軛制於奧大利，惟能實行民族主義，卒合十一邦而成意大利帝國。此其犖犖大者也。其他諸國受此思潮，理想丕變。此主義遂磅礡全歐，其結果也，進步而為民族帝國主義。

（二）民族不同同為國民

　　其類至繁，先大別為二種：

（甲）以不同一之民族，不加以變化，而為同一之國民者。

　　其中復有二小別：

　　（一）諸民族之語言習慣，各仍其舊，惟求政治上之一統，如瑞士是。此必諸民族勢力同等，然後可行。否則一有跳梁，全體立散矣。

---

3 又譯作沃爾西 Cardinal Thomas Wolsey

4 又譯作黎塞留 Armand Jean du Plessis, cardinal-duc de Richelieu et duc de Fronsac

（二）征服民族對於被征服民族，既以威力抑勒之，使不得脫國權之範圍。又予以劣等生活，俾不得與己族伍。如古者埃及之於猶太，今者俄之於芬蘭、波蘭是也。然使被征服民族而有能力，必能奮而獨立，以張民族主義，如比利時之離荷蘭、希臘之離土耳其是。

（乙）合不同一之民族，使同化為一民族，以為一國民者。

今欲問此為民族之善現象乎？抑惡現象乎？社會學者嘗言，凡民族必嚴種界。使常清而不雜者，其種將日弱而馴致於不足自存。廣進異種者，其社會將日即於盛強，而種界因之日泯。希臘邑社之制即以嚴種界而衰微，羅馬肇立亦以嚴種界而幾淪亡，其顯例也。是故民族之同化也，極遷變翕闢之一致。而其所由之軌有可尋者，歸納得同化公例凡四：

第一例、以勢力同等之諸民族融化而成一新民族

第二例、多數征服者吸收少數被征服者而使之同化

第三例、少數征服者以非常勢力吸收多數被征服者而使之同化

第四例、少數征服者為多數被征服者所同化

以上四例通於今古，至於同化之方法，不外使生共通之關係。社會的生活之共通、政治社會的生活之共通，或由於誘引、或由於強迫，皆足納之於同化之域者也。

上之所述，皆政治學者、社會學者所標之公例也，以下將涉於鄙論。

吾今為一言以告我民族，曰凡關於民族上之研究，第一宜求諸公例。公例者，演繹歸納以獲原理，立之標準，以告往知來者也。為變雖繁，必由其軌者也。第二宜知我民族在公例上之位置。嗚呼，吾言及此，而不能不有憾於嚴幾道也！夫幾道，明哲之士也。其所譯社會通詮有云「宗法社會，始以屬族為屬禁。若今日之社會，則以廣土眾民為鵠，而種界則視為無足致嚴。此其言

誠當也。然幾道案語，言外之意則有至可詫者。觀其言曰，中國社會宗法而兼軍國者也，故其言法也亦以種不以國。（中略）是以今日黨派雖有新舊之殊，至於民族主義則不謀而合。今日言合羣，明日言排外甚或言排滿。（中略）雖然，民族主義將遂足以強吾種乎？愚有以決其必不能矣。」幾道此言，遂若民族主義為不必重而滿為不必排者。此可云信公例矣，而未可云能審我民族公例上之位置也。

以上同化四公例言之，其第一例重勢力同等。是故彼之合同，平等之合同也、自由之合同也。盎格魯撒遜[5]民族、峨特[6]民族、條特列[7]民族羣居美洲，以共同生活之既久，遂成為亞美利加民族，是其例也。蓋其合同也，諸民族實皆居主人之地位以相交互，故能相安而無尤。

其他三例則皆征服者與被征服者之關係也，此其合同非出於雙方之自由意思，甚明。夫兩者相持，勢力優者權必獨伸，而政治上之勢力、軍事上之勢力其最者也。是之勢力必握於征服者之手，由是挾其雷霆萬鈞之力，所當必碎，被征服者乃不得不戢戢然歸化之。是其一立於征服者之地位，一立於被征服者之地位，犖然分明也。更端言之，則一立於主人之地位，一立於奴隸之地位也。

夫民誰其堪奴隸者？果其能力萎弱，則不聊其生而漸歸於盡。而非然者則將百折不撓，以求遂民族主義之目的。而方其未遂也，叩心飲泣覷然以為人奴。而彼之征服者狃之既久，則食其毛、踐其土、薰其文化、樂以忘其故。自形式觀之，固同化矣。自精神觀之，則不共天日之仇讎，而強相安於袵席之上也。於是而指摘被征服者曰，汝其與之同化，汝胡不安？汝胡不安？嗚呼！

---

5 Anglo–Saxon

6 Celtic

7 Teutonic

是真欲其長處於被征服者之地位而已。嗚呼！是日知公例而不知公例上之位置！

今欲知吾民族於同化公例上之位置，則請言自黃帝以來以至有明之末民族變化之歷史。然欲語其詳有專史在，今述其概略而已。

黃帝時代與苗族競。九黎之君曰蚩尤，苗族之至強者也。黃帝破而滅之，遷其類之善者於鄒屠之鄉、其不善者以木械之，命之曰民、己之族則曰百姓。三代以來，百姓與民之別泯矣，是為彼折而同化於我。

觀夫春秋，有荊越、山戎諸戎、北狄、長狄、鮮虞諸族或猾諸夏以主齊盟。然至於秦，則凡此名詞僅留於歷史上而已，是亦折而同化於我。

漢初患匈奴，逮乎孝武以兵攘之，命張騫通西域、命唐蒙通西南夷。其卒，閩、粵、滇、黔皆折而同化於我。

降乎典午，吾族不武，五胡亂華。前趙則匈奴也，成則巴氏也，後趙則羯也，前燕、後燕、南燕、西秦、南涼皆鮮卑也，前秦、後涼皆氐也，後秦羌也，北涼、大夏亦匈奴也。以次夷滅，天下中分南北。北朝始於拓跋氏，其後高氏、宇文氏復中分。自晉至隋，我民族之陵遲極矣。諸虜得志，多效漢俗，幾如第四例所云，少數征服者為多數被征服者所同化。然劉裕創之於前、隋文帝穫之於後，諸族中更屠殺，其孑遺者悉折而同化於我。我民族雖暫屈於被征服者之地位，而終復居征服者之地位。

唐初，突厥肆虐，太宗滅之，其後回紇、吐蕃雖屢為梗，無大患也。五季，沙陀、契丹相繼猖獗。至於有宋，我民族復甯焉。宋末，阨於女真、亡於蒙古，元胡之辱我民族也尤酷，謂契丹為漢人、謂我民族為南人，階級至卑，此大垢也。有明奮興，北虜窮遯，歸其巢穴，未同化於我。而我民族光復故物，復居於征服者之地位。

是則四千年來，我民族實如第二例所云，多數民族吸收少數民族而使之同化。我民族初本單純、後乃繁雜，然實以吾族處主人之位，殊方異類悉被卵翼。相安既久，遂同化為一而成四萬萬之大民族。

嗚呼！今竟何如？自明亡以來，我民族已失第二例之位置。而至於今，則將降而列第三例之位置。

滿洲與我族類不同，此我民族所咸知者也，即彼滿人亦不覥然自附。觀其開國方略云「長白山（在吉林烏拉城東南）之東，有布庫哩山。山下有池，曰布勒瑚里。相傳有天女三，浴於池。有神鵲銜朱果，置季女衣。取而吞之，遂有身，生一男。及長，命以愛新覺羅為姓，名曰布庫哩雍順」云云。是則滿族與我真若風馬牛之不相及，無他之問題可以發生。

「彼其長白山下、甯古塔邊，長林豐草，禽獸所居。挈乳蕃庶，乃奮其牙角，奔踔噬咋。先取金遼部落，繼兼有元裔之蒙古，又繼兼有朝鮮，又繼兼有明之關外。金遼，語言相同之國也。蒙古，語言、居處不同而衣冠、騎射同之國也。朝鮮及明，則語言、衣冠皆不同。故用兵次第亦因之為先後。」（語本魏源聖武記）

然金之與彼實同族類，開國方略曾詳言之。天女之說，其神話耳。彼其東胡賤族（西方謂之通古斯種），方以類聚，故所合至易。遼及蒙古視之有間矣，至於朝鮮則尤疏遠，然彼未嘗涎之。特以近在肘腋，劫以威力，使勿生變耳。天命[8]以來，所處心積慮以圖之者厥惟中國。終乃乘明之亡疾驅入關，遂盜九鼎。自是而後，與我民族相接益密。

夫以滿族與我民族相比較，以云土地，彼所據者長白山麓之片壤，而我則神州。以云人口，彼所擁者蕞爾之氂裘，而我神明之冑。以云文化，彼所享者鹿豕之生活，而我則四千年之文教。相去天壤，不待言也。彼既薦食不仰

---

8 1616年

給於我，且無以為生。使其絕對的不同化於我，必不足以營衛，明矣。使其絕對的同化於我，則一二世後將如螟蛉失其故形而別有所天，是自殲其族也。

彼中梟酋處此問題，苦心焦慮匪伊朝夕，卒乃得其所以自保而制人者，為術有二。一曰勿為我民族所同化，二曰欲使我民族與之同化。如是，則彼族可以長處主人之位以宰制萬類，其計彌工、其心彌毒。順康雍乾以來妙用此術，未嘗少變。今鈎考歷史，刺取其真證實據，類列於左，以供參考。

一、欲不為我民族所同化

夫兩民族相遇，其性格相近而優劣之差少者，其同化作用速；其性格相異而優劣之差少者，其同化作用遲；其優劣之差遠者，其同化作用速。此通例也（語本日本小野塚博士政治學）。滿族與我文野相殊，不能以道里計，蓋適合乎第三例者。當同化進行時，滔滔然莫之能禦，勢將舉其語言、文字、居處、飲食而一同於我，此固當日之所不能免者也。彼大酋思障其流，首嚴通婚之禁（多爾袞入關，下令滿漢得通婚姻。其後撤回此令，通婚者罪不赦。見蔣良騏東華錄）。夫滿之與我不同血族，復絕婚姻，故二百年來精神體質未嘗少淆，彼族所恃以自存者在此。不然，以五百萬之民族與四萬萬之民族相胖合，在我民族固蒙其惡質，而不及百年彼族將無一存者可決言也。彼既自閑其族系，乃復保守其所固有者以自別於我，利用其所擅長者以凌制我。其手段可別為二種：

（甲）保守其習慣

習慣為民族之一要素，習慣存則民族之精神存。其顯然表見者，常有以自異於他民族。滿人而知保此，其計之巧者也。雖然若語滿人之習慣，必將有狂笑絕氣者，微特吾人不知所云，即彼族亦靦言之。舉其一二例：

生而以石壓首，作圓扁形。彼懸諸太廟之太祖太宗圖形、於紫光閣之世臣，皆作此狀。即最誇能保守滿洲舊族之弘曆，亦言之若有餘羞者也。此其

習慣之一。崇奉堂子，凡有戰役，必先祭之。其神何名，無知之者。其祭獻之禮絕詭秘，或曰其大酋自裸以為犧牲，然無信據也。此其習慣之二。自作文字，先以蒙古字合滿語聯綴成句，尋復以十二字頭無圈點、上下字雷同無別。因加圈點以分析之，其拙劣僿野不足以載道，甚明（如譯壬戌為黑狗之類）。此其習慣之三。夫其習慣之不足言如此，而彼兢兢然保持之者非以為美也，以之自別於我民族而使其族人毋忘固有之觀念也。此其心事，彼固明言之。

王先謙東華錄內載「乾隆十七年三月辛巳諭。閱太宗實錄，內載崇德元年讀金世祖本紀諭眾云，熙宗合喇及完顏亮效漢人之陋習。世宗即位，惟恐子孫仍效漢俗，豫為禁約，衣服語言悉遵舊制，時時練習騎射以備武功。先時，儒臣巴克什達海、庫爾纏屢勸朕改滿洲衣冠、效漢人服飾制度，朕不從。正為萬世子孫計也」云云（以上太宗語，乾隆引之）。「我滿洲先正遺風，自當永遠遵守，循而勿替。是以朕常躬率八旗臣僕行圍較獵，時以學習國語，練習騎射，操技技勇，諄切訓誨。此欲率由舊章，以傳奕禩，永綿福祚。」

嗚呼！此語情見乎辭矣。其為萬世子孫計，真不可謂不周矣。彼既累世相傳堅守此旨，故於滿洲舊俗雖至微細必監督之。乾隆八年，歎滿洲舊俗日即廢弛，責「宗室子弟食肉不能自割，行走不佩箭袋，有失舊俗」；十五年六月癸未，諭「前因宗室等及滿洲部院大臣俱各偷安坐轎、竟不騎馬，曾降諭禁止。此欲令伊等勤習武藝，不至有失滿洲舊規。今聞有坐車者，與坐轎何異。嗣後祇准王等與滿洲一品大臣坐轎，其餘概令騎馬」；二十年五月，諭「滿洲本性朴實，不務虛名。近日薰染漢習，每思以文墨見長，並有與漢人較論同年行輩者，尤屬惡習。不知其所學者，未造漢文之堂奧，反為漢人所竊笑。此等習氣不可不痛加懲戒，嗣後八旗總以清語騎射為務。即翰林等。有與漢人互相唱和，較論同年行輩者，一經發覺，決不寬貸。」

其謹小慎微、思患豫防至於如此，然其中尚有宜注意之點，彼一則曰學習國語，再則曰以清語騎射為務。夫以滿洲人操滿洲語，此真天然之事，何

待強迫督率之為。則以彼虜自入關以來悉操北京語，久已忘其固有之語言故也。彼知語言文字為民族之要素，故汲汲欲保守之。且令翰林院必考試滿洲文，然醜劣寡用，微特漢人唾棄之，即滿人亦不以為意，特為威力所怵，聊事率循而已。至於騎射，則關係重要，後將論之。其他習慣，亦多關於強悍之俗。

彼之主張保守非無故也。夫北魏孝文帝自惡虜俗，刻意模範漢人風化，遷都洛陽，粉飾漢制，其結果胡虜悉同化於我民族。迨乎隋唐，畛畦悉泯。無他，忘故我之觀念，而與他族相混於無形也。滿人之保守其習慣也，是欲永保其固有之民族以翹乎我民族之上，不可忽也。

（乙）發皇其所長

滿俗無所長，其所長惟騎射。彼之得志皆由狂噬死咋而來，故日謀寶有而精進之，觀上所述諸論可證也。而彼惟利用所長，故得鈐制我民族，使無生氣。因之於吾歷史上留萬年之大紀念，日滿洲自入寇以來，凡兵權悉萃於彼族，而我民族無與焉。

嗚呼！吾不能不歎滿人設計之工也。夫以兵權悉操於彼族之手，則生殺屠醢一惟其命，故以少數之民族制多數民族而有餘。彼於一方則利我民族之文弱，務求柔其骨而薾其神者，既以科舉愚之矣，又開博學鴻詞科。求天下圖書儲之四庫，使儒臣從事校勘，使之益近於文柔。

至於武事，則不復齒之。乾隆之於漢臣，口吻尤刻。於陳宏謀之轉糧不力也，則日彼係漢人，不必責以有勇知方。於陳世倌之言兵事也，則日彼漢文臣乃敢言兵事，其志可嘉。（皆見東華錄）其侮弄如此，於一方面則重滿人之兵權，凡國家之軍政組織全部屬之，其用意所在固至易明。蓋兩民族相遇，一尚文柔、一尚強武，此其格格不相入而必不能同化，無待言者。而強者摧柔

又其必然之理，故彼族首重此，以為如是則不獨有以自異於我民族，且足以凌制馴伏我民族而有餘也。故其兵制則重駐防、重禁旅，而不重綠營。

魏源聖武記有云「八旗有禁旅、有駐防。禁旅八旗，滿洲兵六萬，並蒙古、漢軍共十萬。其人則皆東海扈倫諸部落，無在黑龍江北、甯古塔東者，其漢軍亦無遠在山海關以內者。若夫駐防之兵，則即八旗佐領中之餘丁。佐領外之新附隨時編籍、人無定額，散處遼河東西諸城，無事射獵耕屯，有事馳驅甲冑。故天命十一年攻甯遠時，兵已十三萬。崇德中，遠蹂燕薊，近摧甯錦，旁撻朝鮮、蒙古，用兵常十餘萬。而入關以後，以之內衛京師，外馭九服四夷。」

觀此，其兵制可略見矣。是以入關以來，凡有戰役，皆以禁旅、駐防任之。彼其心不第不望綠營之強也，實且利綠營之弱。即間有一二征伐資綠營之力者，然終不以為正師也。惟康熙三藩之役有小例外，蓋其時為滿族與我民族交戰，彼滿人者既深忌我、復深畏我，懼其悉趨於三藩而並力以敵己也，故謀有以離間而利用之。為手諭以詔綠營諸將，曰從古漢人叛亂，祇用漢兵勦平，豈有滿兵助戰。於是一時，趙良棟、施琅、李之芳、傅宏烈諸民賊爭刈同種，以媚異族，而三藩遂戡。此其間出之政策也。

至於「典兵之臣，則幾滿族所專有。其初皆以親王為統帥，睿、禮、鄭、豫、肅、勤等是也。康熙時尚仍此制，三藩之役則安、康、簡等也，西北用兵亦屢以皇子將之。至雍正而後始不盡然，漢人之司軍柄者惟年羹堯、岳鍾琪二人。然年旋被戮，岳亦謗書盈篋，以其手縶曾靜以興大獄，始幸而苟全。其他如康熙準噶爾之役則費揚古也，雍正西南夷之役則鄂爾泰也，乾隆準部之役則班第、永常、兆惠等也，回疆之役則兆惠等也，大金川之役則傅恆也，小金川之役則阿桂也，緬甸之役則傅恆也，廓爾喀之役則福康安也，嘉慶川湖陝之役則額勒登保、德楞泰也。此犖犖之大役皆以滿人掌兵，而漢人則不欲其與聞軍事」，即為偏裨亦欲限制之。

「雍正六年滿珠等奏，京營武弁等員參將以下，不宜用漢人為之。得旨：朕漢滿一體從無歧視。（中略）滿洲人數本少。今止將中外緊要之缺補用已足。若參將以下之員弁悉將滿洲補用，則人數不敷，勢必員缺。」（見蔣氏東華錄）。夫於滿漢一體之下忽著此語，一何可笑至此，亦可云情見乎辭矣。

總之，專制國以政府有非常之兵力為第一要義，使為異族政府則更所急。察滿洲軍事的組織，乃欲以一民族為一軍隊，營衛京師而駐防各省、長駕遠馭，以為子孫帝王萬世之計。至於其不予我民族以兵權，則戰勝民族對於戰敗民族所應有之手段，英之於印度、法之於安南亦猶是也。彼之不願與我民族同化者在此，彼之遂能不與我民族同化者亦在此。

二、欲迫我民族為所同化

彼之不欲為我民族所同化既如上述，然不同民族而同為國民，慮我民族之不安其生而將有變也。則求所以同化我者，其目的在使我民族剷除民族思想而為馴伏之奴隸。彼又慮欲達此目的，非用威逼之手段不可，故不以柔道行之，而惟以蠻力行之。其手段可分二種：

（甲）關於物質上者

其最重要者莫如薙髮易服一事，而薙髮尤切膚之痛也。夫民族之表見於外者，為特有之徽識，圖騰社會（此從嚴譯社會通詮；日本譯為徽章社會）視此最重，至於今世亦莫能廢。民族之徽識常與民族之精神相維繫，望之而民族觀念油然而生。彼滿族之與我民族大殊，使各仍其俗歟？則民族觀念永無能合也。使其悉效我民族之所為歟？是使人滅絕滿洲民族之觀念也。使其強我民族悉效彼之所為歟？是使人滅絕我民族之觀念也。故彼旁皇久之，卒屬行此政策。

蔣氏東華錄「順治五年諭禮部，向來薙髮之制，姑聽自便者，欲俟天下大定也。此事朕籌之至熟，若不歸一，不幾為異國之人乎？自今布告以後，

京城內外、直隸各省限旬日內盡行薙完。若巧避惜髮，藉詞爭辯，決不寬貸。該地方官若有為此事瀆上奏章，欲將朕已定地方仍存明制、不遵本朝制度者，殺無赦。」嗚呼！此一紙薙髮令，彼實掬其野心以示天下者也。悍然日「若不歸一，不幾為異國之人」，質直自白，無遁辭焉。猶復飾言明制，彼寧不知此非有明一代之制而我民族相沿之制耶？不過欲我民族變形鹿豕，喪盡種族觀念，戢戢然歸化之而已。

然我民族一息尚存，此心不死。自薙髮令宣告後，吳楚江浙接踵起義，伏尸百億、流血萬里，以殉其節。遺臣逸老爭祝髮為僧，或著道士服。而王夫之氏且竄身獠峒，終其身不復出，此猶日忠節之士也。一般國民屈於毒燄，不得自由，然風氣所成，有男降女不降、生降死不降之說。女子之不易服猶日非其所嚴禁，至於殯殮死者以本族之衣冠，使不至於不瞑而有以見先人於地下。其節彌苦、其情尤慘矣，此猶日普通之人心也。污賤如陳名夏猶知昌言於朝，謂蓄髮正衣冠，然後天下太平。毒戾如吳三桂，猶知以薙髮易服為恥，號召天下以謀一洗之。此輩狗彘不若，而贊同輿論猶若此，此猶日為時尚邇也。洪楊[9]崛起，兵力所及，漢宮威儀一復其舊，東南羣省翕然應之，幾覆滿祚。嗚呼！怨氣所聚，鬱而必洩。自今以往，我知彼族終無倖存之理也。彼雖處心積慮以謀同化我，其安能！其安能！

（乙）關於精神上者

我民族有自尊之性質，自以神明之胄不當與夷狄齒，故對於他民族無平等之觀念。至於用夏變夷尤非所堪，此種思想為滿人所大不利。彼以犬羊賤種入據九鼎，假使我民族日懷猾夏之痛，死灰必燃，終為彼患。蓋社會心理常為事實之母，果其民族精神團結不解，則雖怵於威力為形式上之服從，一旦暴發若潰江河，決非彼所能禦也。彼故日謀所以使我民族死心盡氣者，日以刀鋸鼎鑊待天下之士，飾之以淫辭、行之以威力。莊廷鑨之獄，戴南山之獄，查嗣

---

9 洪秀全、楊秀清

庭之獄，陸生楠之獄，曾靜、呂留良之獄，錢名世之獄，胡中藻之獄，皆以一二私人痛心種淪，時發微歎，遂被踪跡而及於難。直接使一二人受其痛苦，而間接使我民族箝口結舌、胥相忘於公義。由是視異類若兄弟、戴仇讎為父母，剝喪廉恥，世為人奴。嗚呼！賤胡操術若是工耶？今舉當時詔書其心事之最明白顯露者，如下：

雍正七年九月癸未諭有云「我朝既仰承天命，為中外生民之主，則所以蒙撫綏愛育者，何得以華夷而有殊視？而中外臣民既共奉我朝以為君，則所以歸誠效順、盡臣民之道者，尤不得以華夷而有異心。」又云「本朝之為滿洲猶中國之有籍貫，舜為東夷之人、文王為西夷之人，曾何損於聖德乎？詩言『戎狄是膺，荊舒是懲』者，以其僭王猾夏、不知君臣之大義，故聲其罪而懲艾之，非以其為夷狄而外之也。」其所根據者，為以君臣之大義破種族之思想，以為既成君臣不當復問種族也。而當時有排滿思想者，亦實不免以政治上之革命與種族上之革命混和同觀。故彼所持之說，轉若鏗然有聲。

至今日則知，以一王室仆一王室謂之易姓，以一國家踣一國家謂之亡國，以一種族剡一種族謂之滅種。滿洲者，對於明朝則為易姓，而對於中國、對於我民族則實為亡國滅種之寇讎。誓當枕戈泣血以求一洗，而奚君臣之與有？噫嚱！五洲之族類繁矣，苟其不問種姓，惟強自從前，則生番、野獠、黑蠻、紅夷皆將可為吾君，而奚止汝滿奴者。彼其利用儒術，摭拾一二尊君親上之語，欲以摧陷廓清華夷之大防，以斲我民族死心歸化、罔敢有越志。故雖一字之微，亦所不忽。

觀雍正十一年四月己卯諭「朕覽本朝刊寫書籍，凡遇夷狄胡虜等字每作空白，又或改易形聲，如以夷為彝、以虜為鹵之類。揣其意，蓋為本朝忌諱而避之，不知此固悖理犯義不敬之甚。此後臨文作字、刊簽書籍如仍蹈前轍，將此等字空白及更換者，照大不敬律治罪。」（見東華錄雍正八）夫蕞爾民族

屢邁淫威，防觸忌諱百方避之。彼以為此之避我乃遠我也，使不我遠而反我親，然後相安馴致相忘。故其監謗之法，細微至此。

嗚呼！斧鑕所及不止形體，而深入於心術，不其酷哉！賊智相傳，其子弘曆乃復跨竈，取我四千年歷史而點竄之，凡夷夏之閑悉被掃抹。夫歷史為民族精神所寄，我民族於此有深自表見者。司馬光之作通鑑也，晉亡之後繼以宋齊梁陳，未嘗使索虜纂統也。王世貞之作綱鑑也，宋帝昺飄零海上猶不著其失位，明祖義師一起即以紀元，所以惡元之纂我也。凡此皆民族精義所存，彼纂御批通鑑輯覽，概刪改之，且齗齗致辨焉。凡此皆謬託學術以行其鬼蜮之技、狐蠱之智，欲我民族帖然歸化自安順民而已。然民族大義中更磨礱，益發光瑩。今日吾民族思想更進一步，不復如前者之自尊而卑人，而知以保種競存為無上義。自今以往，我知彼族終無倖存之理也。彼雖處心積慮以謀同化我，其安能！其安能！

準是以言，彼之不欲同化於我也若此，而強我民族歸化於彼而卒無效也又若彼。是以三百年滿漢之界昭然分明，他日我民族崛起奮飛，舉彼賤胡悉莫能逃吾斧鑕。芟薙所餘，僅存遺孽。以公理論固宜以人類視之，而以政策論則狼性難馴野心叵測，宜使受特別之法律。若國藉法之於外人之歸化者，可也。如此則彼有能力，自當同化於我，否則與美洲之紅夷同歸於盡而已。如此則我民族自被征服者之地位，一躍而立於征服者之地位，復民族同化公例上第二例之位置。

然則，吾前言我民族之在今日將降而列第三例之位置者，何也？則以滿人自咸同[10]以來，其狀況已大異疇昔故。以云保有習慣，則賤胡忘本，已自失其故吾。迄今日關內滿人能為滿洲語言文字者已無多人，他可知矣。以云專擅武事，則八旗窳朽。自嘉慶川湖陝之役，已情見勢絀。道光鴉片煙之役，林則徐守兩廣邊防屹然，其僨事者皆滿洲渠帥也。英法聯軍之役，僧格林沁率滿

___

10 咸豐、同治

蒙精騎以為洋鎗隊之的，其軍遂殲而天津條約以成。洪楊之役，賽尚阿輩工於潰敗，官文[11]則直曾胡[12]之傀儡耳。人才既衰，軍制尤腐壞不可方物。胡林翼疏論兵事，謂凡與賊遇，宜使兵勇臨前敵而吉林精騎尾其後，如勝可使逐利，即敗亦不至多所損失（見胡文忠遺集），其輕侮之若此。是故湘、淮諸軍勢力瀰滿天下，而捻、回諸役皆以漢人專征。逮乎今日，各省練兵以防家賊，不復恃禁旅、駐防。雖近者練兵處側重滿人，已有顯象要之，其不能回復已失之勢力，可決也。是其昔之所汲汲自保、不欲同化於我者，已無復存。而庚子之役，俄軍藉口以佔奉天，彼曹失其首邱，益有孤立之懼。屈意交歡於我，下滿漢通婚之詔以冀同化，凡此皆與嘉道[13]以前成一反比例者也。雖然使若是，則是少數征服者同化於多數被征服者，同化公例之第四者耳，何至如第三例所云耶？即應之曰，滿酋之在今日又別有新術在。

大抵民族不同而同為國民者，其所爭者莫大於政治上之勢力。政治上之勢力優，則其民族之勢力亦獨優。滿洲自入關以來，一切程度悉劣於我萬倍而能久榮者，以獨佔政治上之勢力故也。今者欲鞏固其民族，仍不外乎鞏固其政治上之勢力，由是而有立憲之說。

夫立憲，一般志士所鼓吹者也，一般國民所希望者也。使吾遽狀其醜惡，則必有怫然不欲聞者。吾今先想像一至美盡善之憲法，而語其效果曰，此之憲法於民族上之運動有二效果。一曰，使滿漢平等。曩者雖同為國民而權利義務各不平等，今則自由之分配已均。二曰，使滿漢相睦。曩者陰實相仇，怨莫能釋。今則同棲息於一國法之下，可以耦俱無猜。如是，當亦一般志士一般國民所喜出望外而心滿意足者也。

---

11 王佳氏，字秀峰，滿清官員。

12 曾國藩、胡林翼

13 嘉慶、道光

　　雖然吾敢下一斷語曰，從此滿族遂永立於征服者之地位，我民族遂永立於被征服者之地位，而同化之第三例乃為我民族特設之位置也。請不復語深遠，為設淺近喻以明之。今有大盜入主人家，據其室廬、縶其人口而盡奪其所有。既乃自居戶主、釋所縶俘、稍予恩賜，使同德壹衷以奉事己。如是，則故主人者遂欣然願事之乎？抑引為不共天日之仇讎乎？我民族之願奉滿洲政府以立憲也，胡不思此？

　　況乎憲法者，國民之公意也，決非政府所能代定。蓋憲法之本旨在伸張國民之權利，以監督政府之行為。彼政府烏有立法以自縛者？即在立憲君主國，其憲法或由政府所規定，然實際仍受國民之指揮。今國民已有指揮政府之權力乎？而敢靦然言立憲乎？

　　況今之政府，異族之政府也。非我族類，其心必異。彼懼其族之孤而虞吾之逼，乃為是以牢籠我。乃遽信之乎？希臘之受制於土耳其也，知求獨立而已，不知求土耳其政府之立憲也。比利時之受制於荷蘭也，知求獨立而已，不知求荷蘭政府之立憲也。匈牙利之受制於奧大利也，知求獨立而已，而奧大利卒與之立憲，為雙立君主國。匈雖絀於力，暫屈從之，然至於今日猶謀反動。蓋民族不同，而因征服之關係同為國民者，征服者則恆居於優勢之地位而牽制被征服者，俾不得脫其羈絆。而被征服者即甚無恥，亦未有乞丐其沾溉者。非惟勢所不能為，亦義所不當為也。則知滿洲政府之立憲說，乃使我民族誠心歸化之一妙用，而勿墮其術中也。

　　深觀乎國民之所歡迎立憲說者，其原因甚繁，而其最大者則國民主義與民族主義皆幼稚而交相錯也。夫國民主義從政治上之觀念而發生，民族主義從種族上之觀念而發生，二者固相密接而決非同物。設如今之政府為同族之政府而行專制政體，則對之惟有惟一之國民主義，踣厥政體而目的達矣。然今之政府為異族政府而行專制政體，則驅除異族民族主義之目的也，顛覆專制國民主義之目的也。民族主義之目的達，則國民主義之目的亦必達，否則終無能

達。乃國民夢不之覺，日言排滿，一聞滿政府欲立憲則輒然喜，是以政治思想尅滅種族思想也，豈知其究竟政治之希望亦不可得償而徒以種族供人魚肉耶？嗚呼！種此禍者誰乎？吾不能不痛恨康有為、梁啟超之妖言惑眾也。

康有為之辯革命書[14]，一生抱負在滿漢不分、君民一體，以為政權自由必可不待革命而得之，而種族之別則尤無須乎爾。此其巨謬極戾，餘杭章君炳麟已辭而闢之，公理顯然無待贅矣。然康之所說，其根據全在雍正關於曾靜、呂留良之獄所著之大義覺迷錄。不為揭而出之，恐天下猶有不知其心而誤信其言者。茲刺取大義覺迷錄中康氏原書抄襲之語，比較互列於下。

大義覺迷錄有云「本朝之為滿洲猶中國之有籍貫，舜為東夷之人，文王為西夷之人，曾何損於聖德乎？」康氏原書亦云「舜為東夷之人，文王為西夷之人，入主中國，古今稱之。」又云「所謂滿漢不過如土籍客籍，籍貫之異耳。」此其抄襲者一。

大義覺迷錄有云「韓愈有言，中國而夷狄也則夷狄之，夷狄而中國也則中國之。」康氏原書有云「孔子春秋之義，中國而為夷狄則夷之，夷而有禮義則中國之。」其抄襲者二。（康氏平日治春秋。主公羊，斥左傳為偽傳。今為辯護滿洲計，則並引其語矣。）

大義覺迷錄有云「中國一統之世，幅員不能廣遠。其中有不向化者則斥之為夷狄，如三代以上之有苗、荊楚、玁狁，即今湖南、湖北、山西之地也。在今而目為夷狄可乎？至於漢唐宋全盛之時，北狄、西戎世為邊患，從未能臣服而有其地。自我朝入主中土並蒙古，極邊諸部俱歸版圖。是中國之疆土開拓廣遠，乃中國臣民之大幸，何得尚有華夷之分論乎？」康氏原著亦云「中國昔經晉時，氐、羌、鮮卑入主中夏。及魏文帝改九十六大姓，其子孫徧布中土，多以千億。又大江以南五溪蠻及駱越、閩、廣皆中夏之人，與諸蠻相雜，

---

14 即〈答南北美洲諸華商論中國只可行立憲不可行革命書〉

今無可辨。」又云「國朝之開滿洲、蒙古、回疆、青海、衛藏萬里之地，乃中國擴大之圖，以逾漢唐而軼宋明。」其抄襲三。

　　嗚呼！彼其心豈不以為此我世宗憲皇帝之聖著，為小臣者所宜稱述弗衰者耶？尤其甚者，彼雍正僅云我朝既為中外臣民之主，不當以華夷而有殊視。而已，未嘗自認與我同種族也。康氏原書乃引史記，稱匈奴為禹後，遂倡言曰滿洲種族出於夏禹。嗚呼！非有腦病，誰為斯言？夫匈奴即與我同所自出，然民族要素非第血系而已。無社會的共同生活即不能自附同族，至於滿洲則更與匈奴不同族類。匈奴為北狄而彼為東胡，彼之蒙古源流已詳言之，大抵華人、蒙古人、滿洲人皆無不能知之而能言之者。今康有為竟以無端之牽合而造出滿洲種族出於夏禹一語，非有腦病，誰能為此言！至於稱頌滿政府聖德，謂為唐虞至明之所無、大地萬國所未有，此雖在滿洲人猶將愧駭流汗、掩耳走避。而彼公然筆之於書，以告天下。嗚呼！彼真人妖，願我民族共祓除之，毋為戾氣所染！

　　梁啟超更不足道矣！彼其著中國魂也，中有句云張之洞非漢人耶？吾恨之若仇讎也。今上非滿人耶？吾尊之若帝天也。其頭腦可想。本此思想以為伯倫知理[15]之學說（見壬寅新民叢報三十八、三十九號），於民族主義極力排斥。

　　其第一疑問謂，漢人果已有新立國之資格否？夫梁氏之意，豈不以我民族歷史上未嘗有民權之習慣，故必無實行之能力乎？其所譯伯氏、波氏[16]最得意之辭，即在此也。然歷史者，進步的也、改良的也。國民於一方保歷史之舊習慣，於一方受世界之新思潮，兩相衝突，必相調和。故其進也以漸而不以驟，烏有專恃歷史以為國基者。至於所云，愛國志士之所志，果以排滿為究竟之目的耶？抑以立國為究竟目的？毋亦曰目的在彼，直借此為一過渡之一手段

---

15 Johann Kaspar Bluntschli

16 伯倫知理與波倫哈克（Konrad Bornhak）

云耳。噫，此真我所謂種族思想與政治思想混而為一者也。則請語之曰，以排滿為達民族主義之目的，以立國為達國民主義之目的。此兩目的誓以死達，無所謂以此為目的而以彼為手段也。

其第二問曰，排滿者，以其為滿人而排之乎？抑以其為惡政府而排之乎？則請語之曰，以其為滿人而排之由民族主義故，以其為惡政府而排之由國民主義故，兩者俱達者也。夫使為國民者，對於政府但有政治觀念而無種族觀念，而有異種侵入、略施仁政，便可戴以為君，此真賤種之所為也。滿洲未入關以前與我國不同、種不同，猶今日之鄰國也。乘亂入寇二百餘年，使我民族忘心事仇而猶不以為非，則聯軍入京，比戶皆樹順民旗亦將推為達時勢之君子乎？

其第三問曰，必離滿族然後可以建國乎？抑融滿洲民族乃至蒙苗回藏諸民族而亦可以建國乎？則請語之曰，若云同化，必以我民族居於主人之位而吸收之，若明以前之於他族，可也。不辨地位而但云並包兼容，則必非我民族所當出也。彼之言曰，中國言民族者，當於小民族主義之外更提倡大民族主義。小民族主義者何？漢族對國內他族是也。大民族主義者何？合國內本部屬部以對於國外諸族是也。此其言有類夢囈。夫國內他族同化於我久矣，尚何本部屬部之與有？今當執民族主義以對滿洲。滿洲既夷，蒙古隨而傾服，以同化力吸收之，至易易也。若如梁氏所云，謂滿人已化成於漢民俗，而不悟滿之對我其陰謀詭計為何如，容可謂之知言乎？

故吾之言排滿也，非狹隘的民族復仇主義也。勸我民族自審民族同化公例上之位置，以求自處也。梁氏而無以難也，則請塞爾口，無取乎取民族主義而詆毀之也。

（尤可笑者，不敢言民族主義，乃至不敢言共和。鼠目寸光，一讀波倫哈克之國家論，即顫聲長號曰共和共和。吾與汝長別矣。嘻！鄭人相驚以伯有，曰伯有至矣則皆走，不知所往。梁氏其有此景象乎？請語之曰，子毋恐，

子欲知國法學宜先知家數。日本有賀長雄氏言，英國憲法學者採求王權割讓之事實，法國憲法學者講究國家新造之理論，德國憲法學者用力於成文憲法之解釋，皆非偶然。誠通論也，故德國學者什九排斥共和政體，而美國學者巴爾斯且斥日歐洲公法學者無知國家與政府之別者。梁氏見之，又當震驚如何？學不知家數，而但震於一二人之私說以自驚自怪，徒自苦耳。）

嗚呼！吾願吾民族實行民族主義，以一民族為一國民。

嗚呼！吾願吾民族自審民族同化公例上之位置，以求自處！

落紅不是無情物，化作春泥更護花。[17]

出處：

- 〈民族的國民〉，《民報》（東京），1905年第1期，頁1–31。
- 協社編，《汪精衛先生文鈔》（協社，1912年），頁1–17。
- 三民公司編，《汪精衛全集》第四冊（上海：三民公司，1929年），頁1–32。
- 啟智書局編，《汪精衛文存》（上海：中山書局，1935年），頁39–65。
- 中山書局編，《汪精衛先生的文集》第三編（上海：中山書局，出版日期缺），頁42–70。
- 鄭振鐸編，《晚清文選》（上海：生活書店，1937年），頁763–781。

---

17 此詩句非汪精衛所加，據《汪精衛南社詩話》十八則所記載：「篇末空白，隨意填寫古人詩詞或格言一兩句，此雜誌慣事也。輾轉翻刻，然其後竟若以此兩句為與論文相連屬者然，此則非僕所知矣。」

民族的國民（其二）

乙巳年十二月二十八日（一九〇六年一月二十二日）

　　吾前著論民族的國民，其所言者種族之方面為多，於政治之方面未及詳也，今茲就於政治方面而欲一言。

　　考之吾國之歷史，六千年來之政治可名曰君權專制政治，二百六十年來之政治可名曰貴族政治。請先言二百六十年來之貴族政治。

　　貴族政治，世界各國必歷之階級也。觀乎歐洲，貴族政治緜亙千年，至十七八世紀以來摧陷震蕩靡有孑遺。其國法上皆以國民平等為原則，其中雖猶有留貴族之位置者，然特歷史上未削除之餘孽耳。反觀我國，三代以前猶有貴族之性質，至戰國則已破之。炎宋既踣，元胡篡統而貴族政治遂興。以蒙古人為第一級，以契丹人為第二級，而吾民族乃居第三級。

　　嗚呼！此有史以來未有之奇辱也。三代以上之貴族政治，於同民族中分階級。若元胡時代之貴族政治則因民族不同，而戰勝民族鄙夷戰敗民族，斥為賤種不與為伍。此其慘戾，寧有人道？有明奮興，蕩此惡垢，復吾舊觀。而何意僅三百餘年我民族再降列賤種，與元代若同一轍耶？

　　夫貴族政治，不平等之政治也，自來學者有辯護專制政治者而決無辯護貴族政治者。蓋人類當一切平等，乃於其中橫生階級，貴者不得降躋、賤者不得仰跂，權利義務相去懸絕，此其逆天理、悖人道而不容有於人間世。凡有血氣，疇不同認？故國法學者論次國家，於貴族國體多鄙不欲道，以為是已絕

迹於十九世紀之天壤也。乃不謂二十世紀中，四萬萬之民族、二百萬方里之領土、巍然為東亞一大國者，其政治猶為貴族之政治。

嗚呼！吾今將述二百六十年來之貴族政治，若鯁在喉，慘不欲吐。然有脅我、窘我、使我不能不言者，則以世之論者有曰清之待我視元為寬。噫！是狗彘不食之言也。夫欲斷吾國之為貴族政治與否，祇當論其有無，不能辨其程度。二百六十年來之政治可與元代為比例而決不能與漢唐宋明為比例，然則吾國民以何理由而敢靦然曰今非貴族政治？且即以程度之深淺而論，清之肆虐遜於元胡者，非其政之果寬，乃其力之未逮也。惟時與勢固有陰驅潛率使彼不得不交歡於我者，而其政治則固純然貴族之政治而不能誣者也。

嗚呼！我國民而安於貴族政治乎？則吾寧蹈東海而死，不敢為一言。如其否也，則將述二百六十年來之政治。

滿洲之入寇也，首嚴旗人漢人之別。而旗人之中以滿洲人為第一級、以蒙古人為第二級、以漢軍為第三級，於是則吾民族乃在第四級，此名義上則然也。至其實際，則蒙古職為外藩非其所親，漢軍本為降卒非其所貴，其所嚴者厥惟滿漢。試覽大清會典，其中舉凡禮樂、兵刑、典章、文物，滿人漢人之地位莫不釐然各殊焉。

其賤視漢人，列為最下級者，觀乾隆三十一年之詔可恍然矣。詔云「向來八旗流徒罪名，均以枷責發落。嗣因旗人有染漢習，竟有不顧顏面甘為敗類者。曾降旨令，將旗人流徒案件，滿洲則案其情罪輕重分別問遣折抵，漢軍則均斥為民、照所犯定例發遣。（中略）至包衣漢軍，則皆係內務府世僕，向無貶斥出旗為民之例，與八旗漢軍又自有別。（下略）」（見皇朝通典卷四）

嘻！我民族尚自詡神明之胄耶？試觀人之待我者何如。其在滿洲人，雖犯重罪，終不與我等夷也。其在漢軍，則犯罪之後貶斥為民，始與吾曹為耦矣。是其視我民族，直與臺皂隸之不若。蓋兩族相戰，其敗北者悉為俘虜，命

曰罪囚。是固當，是固不能責其不恕，第願我民族自思之耳。彼滿人者適從何來，遽集於此，而吾黃帝之苗裔乃為奴虜供役使耶？嗟夫！嗟夫！吾儕亡國賤種耳，奚嘵嘵為？

滿洲之辨貴賤、明等威也既若此，故首清種界。「順治二年，嚴漢人雜處旗下之禁。三年，嚴漢人濫投旗下之禁，又嚴民人犯罪投旗之禁，嚴旗人收容漢人投充為奴之禁」（皆見皇朝通典卷八十）。蓋如是，則貴者自貴，賤者自賤，等級劃然，永不少淆。其所謂雜處、濫投者，範圍尤廣、作用尤大。世界各國皆欲舉行貴族政治之實者，罔不由此道也。

今欲述二百六十年來之貴族政治，則將舉滿族漢族其權利義務之不相同者，類次而論之。強分二項，一公權之不平等，二私權之不平等。公權云者，以構成國家機關之資格而獲之權利也。私權云者，以箇人之資格而獲之權利也。人民於一方為構成國家之分子，於他方有自由獨立之人格，其權利義務悉規定於國法。以公理言，宜皆平等，無參歧也。

然中遭同種相戕或異種相競，優勝劣敗之結果而疆界分，一切生活異其程度。而於公權，尤側重焉。蓋非是，則終於相閫，而優勝之地位不可永保。彼滿族者既薦食上國，其大願在以其本族全握政權。然以蕞爾毳裘而欲星羅棋布於禹城，固有限之使不能者，於是遂不能不分其權於漢人。而又慮其啟戒心也，故權之不可分者則全握之，權之不能不分者則務佔優勢。且於其間行鈐制之術焉，行偵覘之術焉。故二百六十年來之政治，幾無一非貴族政治。其機關之組織與構成機關之分子顯有軒輊，使之然也。至於私權，其重要遜於公權遠甚。第以己為貴族，宜享高等生活。而劣等生活，則以予戰敗民族而已。今將先述公權之不平等。

一、公權之不平等復別為二種：

（甲）政權之不平等

政權為國家之大元素，在民族的國家，政治之權常分配於國民。若異族雜處，則互相傾軋，必不能無所偏頗，其結果恆戰勝民族常佔優勢，而程度之深淺則隨其所演而異。

使戰勝民族，其政治組織廣大完備，足以含孕被征服者而有餘，則對於被征服者直如主人之家新獲奴婢，使之戢戢服家範而已，無取乎使之與聞家事也。若英之待印度，法之待安南，俄之待芬蘭、猶太，日本之待臺灣是也。蓋其文化遠超乎所征服者而無取乎效法，其顓愚者則可決其不能窺我堂奧也，其聰睿者則恐其實逼處此也，故參政之權決無可以予之之理。

若夫戰勝民族顓蒙草昧，其固有之文化不足以涵濡被征服者，則不能不師資被征服者之文化，以自治而治人。蓋不如是，則其政治組織必無繇完美。豈惟不能長駕遠馭，且己之所蟠踞亦將不能安也，故遂不能不師其習。因師其習，遂不能不用其人。然則，其肯以參政之權分諸他族者非其本願，度德量力，不能不若是也。然使遽與平等，則將失戰勝民族特別之位置而不能銜勒被征服者，使就我範圍。故其結果，政權所在不能不畸輕畸重，而貴族政治以成。

觀夫晉末，五胡僭竊，其國政一師漢制、其參政者胡漢人雜用，其先例矣。然五胡之臣服於中國也已久，其後乘間竊發，所割據者中國之片土、所役治者中國之臣民，其政治組織折衷於我，勢使然也。至若金元，則皆各以本族建成國家而後並吞中國。其固有之政治組織既具，特並吞之後窮於治術，不能不用漢人治漢土。為治漢土之故而不能不用漢人，為用漢人之故而不能不駕馭漢人，於是遂以本族居最上級、握最大權。故金元時代實為以貴族政治行於中國，蓋為壓制亡國賤種計，不得不如是也。

今舉元史以為例。「鐵木真起自朔土，統有其眾部落野處，諸事草創。設官甚簡，以斷事官為至重之任，位三公上。丞相謂之大必闍赤，掌兵柄則左右萬戶而已。後以西域漸定，始置達魯花赤於各域監治之。達魯花赤，華言掌印官也。及取中原，窩闊台始立十路宣課司，選儒臣用之，金人來歸者因其故官。忽必烈即位，命劉秉忠、許衡定內外官制，其總政務者曰中書省、秉兵柄者曰樞密院、司黜陟者曰御史臺，體統既立。其次，在內者則有寺、有監、有衛、有府，在外者則有行省、有行臺、有宣慰司、有廉訪司，其牧民者則曰路、曰府、曰州、曰縣。官有常職、位有常員、食有常祿，其長則蒙古人為之，而漢人、南人貳焉。」所謂漢人，契丹人也；所謂南人，宋人也。以此為蒙古人之貳，則可由草昧以導之於文明。而以蒙古人為之長，則足以鈐制而監督之，無憂其反側。此元代之政權不平等也。

滿清之崛起也，與五胡殊而適與金元為正比例，而其為政治組織則有大同小異，此有二原因焉。一曰文化之度視之為劣，二曰駕馭之術視之為精。元之為治，官府之文書專用蒙古文字、不用漢文，蓋其文字尚足以達意也。若滿州文，竊效蒙古而劣陋倍蓰之，不能以登於公牘。非不欲也，勢不可也。即此一端，其文化已遠劣於蒙古。故倚賴漢人，不能不視蒙古為尤篤。皇太極之獲洪承疇也，待以殊禮，諸虜咸慍。皇太極曰「吾欲取中原，然如瞽者之不識途。今得承疇，猶水母之有蝦也。」此其實情矣。故其未入關以前，所恃以為政治組織者，范文程也。既入關之初，所恃以為政治組織者，金之俊也。漢人之得政權非偶然矣，迨諸虜漸習漢事，乃謀駕馭之術釐定官制，首分滿缺、漢缺、滿漢並用缺。

「滿缺專以處滿蒙人者也，漢缺專以處漢人者也。至漢軍，國初定制皆用漢缺，惟六部司員則自有專缺。雍正中盡汰其額，併入漢缺中。乾隆時，漢軍有破格用滿缺者，後以為例。」（見嘯亭雜錄卷七）其所以為此區分者何也？以彼為貴族，當享政治上之優先權故也。且彼以少數人而欲臨馭大多數人

尤不能不用此術，況諸缺之中有宜專用滿人者、有宜與漢人分權者，其他無此關係者則滿漢並用。是故滿洲人數得漢族八十分之一，而其官缺則三分之二，政權之不平等未有過此者也。

今先論其與漢人分權者。「京官則大學士、尚書、侍郎，滿漢二缺平列。內閣學士則滿缺六漢缺四，侍讀學士滿缺六漢缺二，侍讀滿缺十二漢缺二，中書滿缺九十四漢缺三十六。部則郎中、員外、主事，滿缺四百名漢缺一百六十二名。他若都察院、通政司、大理寺、太常寺、太僕寺、光祿寺、鴻臚寺、國子監等，滿漢缺數皆不相等」（詳見大清會典）若是者何也？蓋京官執天下之政樞，宰制各省。以其權重，故以滿人處優勢；以其政繁，故不能不用許衡、劉秉忠之流，以資臂助。然魁柄所在終為滿人，若漢人不過供趨走、被役使而已。由崇德以至順治，范文程、金之俊輩雖得志，然皆依託滿王大臣以為城社。康熙時握權者鰲拜、明珠、索額圖等。若李光地輩，一弄臣耳；雍正時握權者鄂爾泰，張延玉，一弄臣耳；乾隆時握權者阿桂、傅恒、和坤，若陳世倌、汪由敦輩，一弄臣耳。嘉慶以降，權雖漸移，然所移者主眷而已，官制如故也。二百六十年來漢人政治上之生活憔悴困窘，豈偶然耶？

次論其專用滿人者，則關於軍事外交之要職是也。軍事後將論之，今專言外交。大抵政府苟欲馴柔其民，莫善於遏絕其外交思想，而異族政府則尤所急。懼其聯與國之歡而脅以謀我，一也。慮其以交通之故而相形見絀，二也。是故「國初之制，理藩院用蒙古尚書一人，漢院判；滿蒙郎中、員外、主事，漢知事。至康熙中，而盡裁漢缺。」（見嘯亭雜錄）則以漢人與蒙古人漸相親故也。滿之初得志也，忌漢人兼忌蒙古，既用全力以撲滅之矣，復變其宗教以柔其志。而尤慮漢人與之相習，同為亡國之民，相與感觸憤慨，非彼之利也。故理藩院之裁漢缺也，即由滿人所建議，肺腑如見矣。餘若回疆之辦事大臣、西藏之駐藏大臣，皆以滿人為之。康熙時與俄羅斯盟聘，其使為索額圖，

亦滿人也。咸同[18]以後與歐美交際，乃滿漢雜用。而總理衙門猶必以親王領班，以握全權。蓋其時兵權適由滿人之手而移之漢人，同時而外交權亦然。滿奴之狼狽失計，雖欲不如是，而不能也。

　　次論其滿漢並用者。督撫，其最重者也。順康[19]之間皆以滿人為之，漢人寥若晨星，滿漢並用虛有其名而已。道咸[20]以降，其比例亦猶兵權之漸移也。至親民之官，其制有至不平等者，滿人可為漢族之親民官而漢人不能為滿族之親民官。各省駐防旗民，別設理事府以聽民事，不受轄於府縣也。理事廳同知為滿缺，而府縣缺則滿漢並用。嘻，彼設駐防以制家賊，其必不肯使之受制於家賊。誠當也，不知吾民覩此怪現象，其亦有惡感情否？尤甚者，滿酋狼子野心，嘗欲盡裁天下府縣之漢缺而專任滿人，以死吾民。「弘曆嘗與劉統勳謀，謂州縣漢缺皆宜盡廢，而以筆帖式外放。統勳未敢猝答，次日進言曰，州縣，親民之官也，宜以民自為之。事乃寢」（見李元度國朝先正事略，未詳其所本也）。夫弘曆之獨居深念而忽為此謀也，以親民之官與民有直接之關係，欲螫其民宜先從此着手也。而其計之不果也，懼以扞格而激變，非有所愛於民也。非我族類其心必異，羯胡無賴一至于此。

　　嗚呼！觀上所述滿清一代之官制，其駕馭之眾遠過元胡，貴族政治較之遠且長，曷足怪耶？

（乙）兵權之不平等

　　滿洲自入關以來，兵權悉萃於彼族，前論已詳之矣，然尚有宜注意者。滿之於我兵權之不平等，以視政權蓋為尤甚。何則？政治必淵源於文化，彼不能不與我共之者也。兵權則彼族所自矜擅長而務獨攬之者，吐棄所餘有若

---

18 咸豐、同治

19 順治、康熙

20 道光、咸豐

雞肋，始以之處綠營。故其軍事組織未嘗有所恃於綠營，且謀所以制其死命焉。其毒謀狡計，舍前論所述外尚有至不平等者。「八旗將弁可任綠營之缺，而綠營將弁必不能補八旗之缺。此在國初尚分涇渭，滿洲人員不必簡放綠營將佐。」（見皇朝通典卷二十一）其後乃汰斯制。「康熙八年，兵部奏各省，提鎮所關甚重，以後提鎮缺出，應將八旗佐領先行補用」（見同上）。雖至不足輕重之綠營猶蹂躪之若此，我民族尚得謂有兵事的生活耶？

咸同之際，湘軍淮軍號為恢復兵缺，然此乃我民族所當深自悲自悔而不當以之自豪者。蓋二百六十年來犖犖諸大戰役，舍康熙三藩、嘉慶川湖陝之役外，皆與異種相戰。如與蒙古戰（康熙之親征準噶爾，雍正兩征厄魯特，乾隆蕩平準部，皆是），與回回戰（乾隆回疆之戰，道光重定回疆之役，皆是），與苗猺戰（雍正西南夷改土為流之役，乾隆大金川、小金川及湖貴征苗諸役，嘉慶湖貴征苗之役，道光湖粵平猺之役，是），與緬甸、安南戰（皆在乾隆時），皆以武功震鑠國外。此歷史上之光榮也，而諸役皆滿人專任之。至於洪楊之役，則為同種相戰。其始也，我民族崛起以謀恢復。彼滿族力不能勝，則指麾我民族，使自相戕。爭地以戰殺人盈野，爭城以戰殺人盈城，皆我民族自相殺而已，於滿人無與也。

悲夫！悲夫！吾嘗謂咸同之役，視楊州十日、嘉定屠城為尤慘。何則？彼為異族入寇，吾族不武為其所弱，有憤恥而已。至於湘淮諸軍與太平天國戰則自相戕殺，尤可哀痛，其結果固滿人之地位而予四鄰以間隙，神州陸沈實由於此。乃觀近人有著中國秘史者，於湘淮諸軍之得志沾沾自喜，以為此乃我民族恢復兵缺之機運。噫嚱！何來此鴞聲耶？

（丙）爵賞刑威之不平等

爵賞由政事軍事之建樹而來，政權兵權既不平等矣，則爵賞亦焉得而平等？嘯亭雜錄卷六云，「八旗定制，凡從軍有功者，視其功之優次與之功牌，分三等級，凱旋日兵部計其敘功與之世職。綠營則有功加之目，凡臨陣奮

勇者與之功加一次，然核計功加二十四次始叙一雲騎尉。」較之八旗功牌，相去天壤矣。觀彼滿人之自言，厚自欣幸之餘，對於漢人猶含愧意，情見乎辭矣。尤甚者，嘉慶川湖陝之役，專恃鄉兵以集事，然功成之後棄置不復道。稍怨望反側，即草薙禽獮之。無他，方事之殷則倚以為重。事定，慮其逼處則去之耳。湘軍解散之後而哥老會[21]熾，其原因亦猶是也。此爵賞之不平等也。

至於刑律之不平等則尤令人髮指，夫清律之不進化源於漢律、唐律、明律，非其專咎也。然清律中凡酷刑苛律皆專為我民族而設，而五刑之中其不適用於滿人者凡四。無他，以我為賤族，當待以殊刑。而彼族雖身犯不韙，猶不與我同其制裁，以示等威也。

試觀大清律例名例律上，五刑一曰笞刑、二曰杖刑、三曰徒刑（註云，徒者奴也，蓋奴辱之）、四曰流刑、五曰死刑。「凡旗人犯罪，笞、杖各照數鞭責，軍、流、徒免發遣，分別枷號。徒一年者枷號二十日，每等遞加五日，總徒、准徒亦遞加五日。流二千里者枷號五十日，每等亦遞加五日。充軍附近者枷號七十日，近邊者七十五日，邊遠、沿海、邊外者八十日，極邊、煙瘴者九十日。」

噫嘻！一部大清律例僅死刑為滿漢所同適用，而復多設條例於滿人特為寬假，其他四刑則皆於滿人無與者也。問犯一罪，漢人充軍於極邊、煙瘴者，滿人枷號九十日而已。然則滿人何所憚而不蹂躪漢人？漢人何所恃而敢對抗滿人？彼不過失旬日之自由，而此則亡身破家以殉之。觀夫各省駐防仇視我族，備加凌折而莫敢與較。二百六十年如一日，何怪其然也？

尤可恨者，乾隆以前旗人犯盜劫案者，刑部於題奏時夾籤聲明，情有可原者輒減免之。至於乾隆則故靳而不與，然其所據之理由則曰，民人犯法可

---

21 清中葉之川湘秘密結社

云愚氓無知，若我滿洲身居貴顯、素風淳樸，忽覯此等下流敗類，實為愧憤難釋，不可不痛加懲創以息澆風（見東華錄）。其賤視我民族若此。

悲夫，刑罰之不平等，其原因全生於貴族政治，此真清律之特色，而我民族自有刑法史以來未蒙之奇辱也！

二、私權之不平等

私人之生活無與國事，此與民族勢力消長之大源無關係者。然彼滿人既行貴族政治矣，則自必為其本族謀特別之位置。於是私權遂有種種之不平等，其最大者為強佔土地所有權。

皇朝通典卷二云，「國初，以近京各州縣無主荒田及百姓帶地投充之田設立莊屯，自王以下及官員兵丁皆授以上田。俾世為恒產，嗣後生齒日繁。凡盛京古北口外新關之壤咸隸焉，其官莊有三，一宗室莊田、一八旗官兵莊田、一駐防官兵莊田。」夫所謂無主荒田，蓋藉口於亂後離散不可稽考。然稽諸稗史，則強奪力佔之慘象蓋不忍言。滿奴入關以後，人為刀俎我為魚肉，雖在民人尚有被逼脅投充為奴者，況乎莊田？謂曰無主，誠無主矣。人且為奴，田安有主？試稽戶部簿籍，官莊之在近京各州縣者凡數百萬頃，此皆吸人之血、敲人之骨、寡人之妻、孤人之子而以之自肥其族者也。至於各省駐防莊田，則尤纇肆劫。卷三云，「直隸、江蘇、浙江、陝西、山西、河南所設駐防官兵，均量給莊地。順治四年，給江甯、西安駐防旗員園地，江甯人六十畝至百八十畝不等，西安人二百十有五畝至二百四十畝不等。六年，外省駐防官員初任、未經撥給園地者，撥給應給地六十畝以下、戶部撥給六十畝以上者，奏請撥給。」此其為虐且肆於各行省，譬若大盜入主人家飽掠贓物，則分諸儕偶，所謂富貴毋相忘者也。

然滿奴不肖，拙於營生，曾不數年典賣殆盡，於是又剝掠漢人所有以肥之。東華錄乾隆五年詔，「我朝定鼎之初，將近京地畝圈給旗人，在當日為

八旗生計，有不得不然之勢，其時旗人所得地畝原足以資養贍，嗣因生齒日繁、恆產漸少又或因事急需，將地畝漸次典與民家為業。閱年久遠輾轉相授，已成民產，今須將從前典出旗地陸續贖回。於是定民典旗地減價取贖之令，凡地不論契載年限，以十年為率，在十年之內者照原價，十年以外減價十分之一，每十年以次遞減，至五十年外者半價取贖。」夫以國帑為旗人贖地，此國帑何自來？仍取諸吾民而已。且典賣之初出於雙方之契約，今則挾國力以臨之強其必從，又定為減價取贖以重苦吾民，瘠漢以肥滿莫此為甚。凡此皆所以裕八旗之生計也，然飽食煖衣逸居無教則近於禽獸，況彼本獸種耶？

百年以來養生無術，日以憔悴有由然矣。至其禁旗人不得為商業，本出於貴農賤商之意，以為貴族不當親賤業也，且彼之深意固尚有在彼欲其族專從事於政事上、軍事上之生活，而不以他業分其心理。故科舉亦非所重，不獨商業為然矣。要而論之，彼於旗人之私權獨優予之，以為所以肥之也，不悟其流極因坐食而致貧乏。至今日尚為一難解決之問題，美疢之喻其信然乎！

如上所述，滿清之貴族政治可見一斑矣。今欲破此貴族政治別無他道，惟恃民族主義而已。夫民族主義由種族觀念而生者也，設有他族來盜吾國而殘吾種，則必達驅除之目的而後已，即使其屈意交歡博施仁政亦決不恕。必如是，然後不為孑義煦仁所浸淫而搖惑失志。是故我民族在今日當困心橫慮，以求民族主義之能達。民族主義充達之日，即貴族政治顛覆之日。蓋民族主義之目的不僅在於顛覆貴族政治，然本實先撥枝葉必盡。我民族而能實行此主義乎，可以決胡運之終窮也。

若夫六千年來之君權專制政治，則我民族之自演而非由外鑠者。雖二百六十年來專制政治益以進化，此由演而愈進，非滿人之專咎也。故建民族主義可以顛覆貴族政治，而決不能顛覆君權專制政治。使我民族而僅知民族主義也即目的既達，而君權專制政治曾不足損其毫末，亦猶明之取元而代之，於種族界生變動而未於政治界生變動也。蓋二百六十年來之政治實承六千年君權專

制政治之舊，而於其中更加以貴族政治，譬如因人之平地而建樓臺於其上以峻崇其階級。民族主義，平此階級者也。若夫基址，則非民族主義所能動搖。是故欲顛覆二百六十年來之貴族政治，當建民族主義。欲顛覆六千年來之君權專制政治，當建國民主義。

國民者何？構成國家之分子也，以自由、平等、博愛相結合，本此精神以為國法。法者，國民之總意也。政府者，國法所委任者也。故曰法治國、故曰立憲政體，由之而政治根本與專制大異。自國家機關觀之，專制則以一機關用事而無他之機關與之分權。立憲則其機關為統一的分科，立於分功之地位而非立於越俎之地位者也，立於關係之地位而非立於鈐制之地位者也。自個人權利觀之，專制必不認人民之自由，故國家對於個人祇有權利而無義務、個人對於國家祇有義務而無權利。若立憲，則國家與個人皆有其權利、有其義務者也。此其相去何啻逕庭？而立憲政體有君權立憲、民權立憲二種，語君權立憲之由來，大抵其政體本為君權專制，迨國民主義日發達，政府人民互相反抗而求相調和，乃立憲法。是故立憲君權國之憲法，其中根據事實而不合法理之污點，皆國民所未嘗以血滌而去之者也。我民族而持民族主義與國民主義以向於吾國之前途也，則其結果必為民權立憲政體，可預決也。

雖然有至難解之問題焉。民權非能驟然發生者也，其發生也有由來，而其進也以漸。觀乎歐洲，古代為國家專制時代（古代非無主張民權者，然與近世民權學說不可謂同。日本法學博士筧克彥所著法學發達史云「古代個人主義之發達雖有遙勝於近世之初期、中期者，然其個人主義非能如近世之伴自覺之人格之觀念，此其根本的之相異。」此語最精），降乎中世則為寺院專制時代。迨近世，因古文復興、宗教改革之結果，而個人之自由發達趨於積極。至十八世紀而奏革命之功，至十九世紀而食民權之果，其間遞演遞進皆有階級途徑之可尋。今吾中國以六千年之慣習，而欲其於旦暮之間遽翻前轍而別開一新紀元，毋乃求治太急而不慮其躐等而蹶乎？雖然為此論者慮則甚遠，而見有未至也。

　　夫國民所恃以為國者有二，一曰歷史、二曰愛情。因歷史而生愛情，復以愛情而造歷史。蓋國民固有歷史之遺傳性，然必其所際遇與古人同，然後樂於因循。若其遭值者，世局人心均開前古所未有，而外緣之感觸有以潗發其愛情，則因比較心而生取舍心、因取舍心而生模倣心，其變至繁、其進必烈。中國與西洋相交際，視日本為先而其革新後於日本，坐地廣人眾未易普及耳。循是以往，危亡則已，否則必變，無可疑也。是惟當潗國民之愛情，以新國民之歷史。求所以潗其愛情者，自心理以言則為教育，自事實以言則為革命。顧教育為眾所咸躚而革命則有遲疑不敢領者，以謂革命之際，國民心理自由觸發，不成則為恐怖時代。即成矣，而其結果奚啻不如所蘄且有與所蘄相違者，求共和而復歸專制。何樂而為此耶？此其言誠當於理勢，下流者有見於此則姑求一日之富貴，有志者有見於此則旁皇疑慮而無復之。民氣之不振，此說為之也。顧以余所聞諸孫逸仙先生者則足以破此疑問，請以轉語我民族。（先生今去東京，文成不獲，往質有誤會否，不敢知也。）

　　先生之言曰，革命以民權為目的，而其結果不逮所蘄者非必本願，勢使然也。革命之志在獲民權，而革命之際必重兵權，二者常相竹牴觸者也。使其抑兵權歟？則脆弱而不足以集事。使其抑民權歟？則正軍政府所優為者，宰制一切無所掣肘，於軍事甚便而民權為所掩抑不可復伸。天下大定，欲軍政府解兵權以讓民權，不可能之事也。是故華盛頓與拿破崙，易地則皆然。美之獨立，華盛頓被命專征。而民政府輒持短長，不能行其志。其後民政府為英軍所掃蕩，華盛頓乃得發舒。及乎功成，一軍皆思擁戴，華盛頓持不可。蓋民權之國必不容有帝制，非惟心所不欲，而亦勢所不許也。拿破崙生大革命之後甯不知民權之大義，然不掌兵權不能秉政權，不秉政權不能伸民權。彼既藉兵權之力取政府之權力以為已有矣，則其不能解之於民者，騎虎之勢也。而當其將即位也，下令國中民主與帝制惟所擇，主張帝制者十人而九。是故使華盛頓處法蘭西則不能不為拿破崙，使拿破崙處美利堅則不能不為華盛頓。君權政權之消長非一朝一夕之故，亦非一二人所能為也。

　　中國革命成功之英雄，若漢高祖、唐太宗、宋藝祖、明太祖之流一邱之貉，不尋其所以致此之由而徒斥一二人之專制，後之革命者雖有高尚之目的，而其結果將不免仍蹈前轍，此宜早為計者也。察君權民權之轉捩，其樞機所在為革命之際先定兵權與民權之關係。蓋其時用兵貴有專權，而民權諸事草創資格未粹，使不相侵而務相維，兵權漲一度則民權亦漲一度。逮乎事定，解兵權以授民權，天下晏如矣。定此關係，厥為約法。革命之始必立軍政府，此軍政府既有兵事專權復秉政權。

　　譬如既定一縣，則軍政府與人民相約。凡軍政府對於人民之權利義務、人民對於軍政府之權利義務，其犖犖大者悉規定之。軍政府發命令組織地方行政官廳，遣吏視之。而人民組織地方議會，其議會非遽若今共和國之議會也，第監視軍政府之果循約法與否是其重職。他日既定乙縣，則甲縣與之相聯而共守約法。復定丙縣，則甲乙縣又與丙縣相聯而共守約法。推之各省各府亦如是。使國民而背約法，則軍政府可以強制。使軍政府而背約法，則所得之地咸相聯合，不負當履行之義務而不認軍政府所有之權利。如是，則革命之始根本未定、寇氛至強，雖至愚者不內自戕也。洎乎成功，則十八省之議會盾乎其後，軍政府即欲專擅，其道無繇。而發難以來，國民瘁力於地方自治，其繕性操心之日已久，有以陶冶其成共和國民之資格。一旦根本約法以為憲法，民權立憲政體有磐石之安，無漂搖之慮矣。先生之言，大略如是。

　　嗟夫，自今以往，無真正之革命軍則已。苟其有之，其必由斯道以達國民主義之目的。我國民當沈毅用壯以向於將來，毋自餒也！

　　嗚呼！吾願我民族實行民族主義，以顛覆二百六十年來之貴族政治！

　　嗚呼！吾願我民族實行國民主義，以顛覆六千年來之君權專制政治！

出處：

- 〈民族的國民〉，《民報》（東京），1906年第2期，頁1–23。

- 協社編，《汪精衞先生文鈔》（協社，1912年），頁17–29。

- 三民公司編，《汪精衞全集》第四冊（上海：三民公司，1929年），頁32–55。

- 啟智書局編，《汪精衞文存》（上海：中山書局，1935年），頁66–85。

- 中山書局編，《汪精衞先生的文集》第三編（上海：中山書局，出版日期缺），頁70–90。

與漢民書

己酉三月十九日（一九〇九年五月八日）

北京炸彈事件發見，吾友汪精衛與黃復生遂落彼虜之手。二人為革命黨之良友，即滿虜之深仇，既得之而不敢遽戕害之者，以彼當偽稱預備立憲之時期，將以緣飾內外人之耳目。且知黨人絕無憚死之志，前仆後繼，勢所必然。彼虜為已中懾，乃勉強以寬大之狀，欲冷澹黨人之怒，所謂司馬昭之心，路人皆知者。據中外各報皆云，精衛供詞洋洋數千言，而虜乃不敢發表一字，蓋懼其所言之足以動天下人也。保皇黨人無恥無賴，乃竄入警醒攝政及國會不開等語。鬼蜮之徒，良不足較。而其他各報亦多妄事推測，幾於無一能知吾友決心之所在。嗚呼！吾不能脫吾友於虎狼之吻，吾豈可更使吾友受誣不白，齎志以歿耶？吾負有為吾友辨正之義務，而猶慮所言不盡吾友之本懷。幸吾友手書數通，猶保存於余手，讀之可以具見吾友之志。不肖如我，不煩更贊一詞。斯世有欲知吾友此次行動之本意者，請讀其書。抑吾友之志，即同事黃君等之志也。悠悠之口，當慚沮而自息矣。漢民附誌。

　　昨得三月十一日來書，謂暗殺之事足阻革命之前途，弟讀竟不覺太息久之。平日相與論事，弟之所見恆不如兄之精審，惟今度弟自信所見較真。蓋兄驟聞我事而下評論，而弟則自丁未以來蓄此念於胸中，以至今日千迴萬轉而終不移其決心。昔人有言，愚者千慮必有一得，譬諸螺旋之釘。弟之所思已循至螺旋盡處，凡兄此書所言與某某書所言皆弟所經過者，今舉而評之如下。

（一）謂此事徒促虜軍隊警察之進步。此言頗嫌其過於簡單。數年以前，虜極昏迷，我亦幼稚，兩無進步之可言。就今日及以後虜與我相對之狀態而思之，可舉六端：

一曰、因我進步虜亦進步；

二曰、因虜進步我亦進步；

三曰、因我不進步，虜亦不進步；

四曰、因虜不進步，我亦不進步；

五曰、虜進步而我不進步；

六曰、我進步而虜不進步。

就此六者觀之，因革命黨之行暗殺而加意於陸軍警察之進步，此固意中事，所謂因我進步虜亦進步也。然則我不進步，虜亦不進步矣乎？徵之事實則殊不然。數年以來，虜軍隊警察之進步有目共睹，近者陸軍部日催各省，依限於一年以內練成陸軍二鎮。然則虜不因我不進步而亦不進步，明矣。是故希望我進步而虜不進步者，祇可徒附之冀幸。而慮及因我進步虜亦進步者，亦當知此為不可逃之事實。尤當知因我進步而虜亦進步，猶愈於我進步而虜不進步也。是故為今日計，虜既因我之進步而亦進步，我亦當因虜之進步而亦進步，高材捷足者先以得之而已。

夫為吾黨謀進步，其事有為虜所不及知者（例如秘密運動），有為人所共見者（例如既起兵及暗殺事）。為虜所不及知，則我進步而虜不進步，此所最宜注力謀之者也。無如革命黨之行事不能以運動為已足，縱有千百之革命黨（此指真革命黨）運動於海外，而於內地全無聲響、不見有直接激烈之行動，則人幾幾忘中國之有革命黨矣。故運動與直接激烈之行動相須而行，廢一不可。而直接激烈之行動既予人以共見，即無術以使虜之不從此加意於提防，

然不能因避虜之加意提防而遂停止其直接激烈之行動。是所謂因我進步虜亦進步，猶愈於虜進步而我不進步也。

（二）謂此事徒使虜加意粉填偽立憲之舉動。兄論此事極為透切，弟

前亦興念及此。惟兄書結論云，故為中國計、為多數人計，此後非特暗殺之事不可行，即零星散碎不足制彼虜死命之革命軍亦斷不可起。蓋此皆使吾敵之魔力反漲，國民愈生迷夢者也。然則吾黨將持消極主義以沒世乎？吾有以知兄必不謂然。兄之意以為勉求起一有充分之武力、能制彼虜死命之革命軍也，此即弟前書所謂成軍也。兄之目的全與弟同。唯如何而得達此目的乎？其不離運動與直接激烈之行動兩者，明也。既不離直接激烈之行動，則兄之反對此舉又何為者？且兄亦嘗於別一方面思之乎？全露馬腳之立憲大綱尚未足醒國人立憲之迷夢，而粉填之舉動日日未已（此兄所已言者）。即以吾粵論，官界、紳界、商界、學界皆孜孜然以六月初一及九月初一選舉諮議局紳為唯一之大典。彼偽立憲之劇固日演於舞台以炫人之觀聽，而革命行動寂然無聞，不惟為滿賊所竊笑，且令國人愈信立憲足以弭革命之風潮，以為前者猛進不已之革命黨，今亦捲甲收兵聲響都寂。是非心折於虜廷之銳意立憲何以如此？是益足以堅其信仰立憲之志耳。今後吾黨若無直接激烈之行動，其結果必出於此。

如俄羅斯、如土耳其立憲之詔宣布之初，一時人心為之稍靖。迨真相既露，羣始大譁，此時眾怒必較前為烈。然而政府已於曩者人心稍靖之時，肆力豫備種種壓制之魔力。魔力既盛，悍然撕去假面目而不顧而人民莫如之何。惟有水愈深、火愈熱，無可自脫輾轉就死而已。今者彼虜民賊即用此手段，吾輩於其初言豫備立憲已洞燭及之。故民報、中興報上之論文出於兄與弟二人之手者，對於此事不啻垂涕泣為國人道也。則奈何可於滿賊演立憲劇之時，使吾黨盡戢其直接激烈之行動，以殖滿人之信用而導國民以入於迷夢也耶？是故，因滿賊之密藏馬腳而不為直接激烈之行動者，其言雖亦有見，然念及吾黨戢其直接激烈之行動，則人愈信立憲足以弭革命之風潮而倍增其信仰，其為害於人

心者為尤大也。固知革命黨之勢若漸斂，則滿賊無所忌憚怠於粉飾，其假面目為漸揭露。然尤當知彼必養足真魔力然後撕去假面具也，假面具終有揭露之時，能於其未揭露之前而先灼見之且擊破之以告人者，惟有革命黨。今於戴面具之時，欲一揭破之使國民知不肯受欺者固大有人在，則直接激烈之行動必不可已也。

（三）謂此事傷吾黨之元氣。此論據薄弱。零星散碎之革命軍足傷吾黨之元氣，弟詳論之矣。至於暗殺，不過犧牲三數熱血同志之性命而已，何傷元氣之有？若並此數人之性命而亦吝之，則何必組織革命乎？譬如煮飯，當爇之以薪，薪盡而飯熟。若吝薪，則何由有飯乎？若謂人才難得，當積以求之，不當零星散去。須知所以求人才欲其為用也，得而不用，何求之為？若謂今非可死之時、弟非可遽死之人，則未知何時始為可死之時而吾黨孰為可死之人也。以吾之意，吾黨除自殺外，凡為黨事而致死者皆可云死得其正。兄無以愛我之故，矯為不衷之言也。

以上所言，於兄所難者，剖析殆盡，未識兄以為何如？

後略

按：吾友此事蓄念已久，然吾與孫中山君及一二同志屢泥其行。其意欲吾友為木鐸，不遽為血鐘也。吾友所言，昭昭然揭日月而行。譬之炊飯，以己為薪，曾不念其已當為釜者，故終不能回吾友之意。關於此事，往復辯論者數，而此書最為明白詳盡，故錄之。時距北京事件一年，閱者亦可知吾友非一時慷慨赴死者矣。[22]

---

22 按語為胡漢民所書，見中山書局編，《汪精衛先生的文集》第三編（上海：中山書局，出版日期缺），頁98。

出處：

- 三民公司編，《汪精衛全集》第二冊（上海：三民公司，1929年），頁169–174。

- 中山書局編，《汪精衛先生的文集》第三編（上海：中山書局，出版日期缺），頁93–98。

- 文化研究社編，《中國五大偉人手札》（上海：大方書局，1939年），頁271–275。

再與漢民書

己酉十一月十五日（一九〇九年十二月二十七日）

前函草就。復念世人性質好崇拜死人而批評生人，此風大不可長，欲為文以正之。使知生負委曲繁重之任者，其難固有甚於死者也。惜匆遽之際為文不能詳，然亦已簡括言之。煩登諸中興報上，即作為弟之絕筆可也。

革命之勇氣，由仁心而生者也。仁心一日不滅，則勇氣一日不息。故能毅然以身為犧牲而不辭。

欲犧牲其身者，其所由之道有二焉。一曰恆，二曰烈。恆乎？烈乎？斯二者欲較其難易、權其輕重，非可以一言盡也，設譬以明之。譬之治飯，盛米以鑊，束薪燒之。鑊之為用，能任重、能持久，水不能蝕、火不能鎔，飽受熬煎久而不渝，此恆之德也。猶革命黨人之擔負重任，集勞怨於一躬，百折不撓以行其志者也。薪之為用，炬火熊熊，傾刻而燼。顧體質雖而熱力漲發，飯以是熟，此烈之德也。猶革命黨人之猛向前進，一往不返，流血濺同種者也。夫舍鑊與薪，飯無由成。即取其一而舍其一，飯亦無由成。欲致力於革命者亦嘗深念及之，則當度德量力，擇其一而為之。不必較其難易、權其輕重，第視己力之所能為而已。

今欲舉革命黨人之有恆德者之一人以為代表，則以最先進之一人當之，孫逸仙先生是也。今欲舉革命黨人之有烈德者之一人以為代表，則亦以最先進之一人當之，史堅如先生是也。吾黨人欲於恆與烈擇其一者，其視此矣。而語其本原，則曰由仁心而生之勇氣。

〰

出處：

- 三民公司編，《汪精衛全集》第二冊（上海：三民公司，1929年），頁174–175。
- 中山書局編，《汪精衛先生的文集》第三編（上海：中山書局，出版日期缺），頁98–100。
- 文化研究社編，《中國五大偉人手札》（上海：大方書局，1939年），頁275–276。

與南洋同志書

己酉十一月十日（一九○九年十二月二十二日）

漢民按：此書寄於去年十一月十五日，同時介以一書云：「弟為此事，與兄爭執者屢。兄之所言，固有至理，兄望我至切，我非木石，寧能無動？惟竊思果弟一人以一死為快者，則誠無以對兄。而今所為決不如是，自信前仆後繼，事方興未艾也。如是，則弟亦可告無罪於吾黨矣。此時距出發之期不遠，遺書之事，弟恥為之，故前此不復注意於此。今者小人離間，競集矢於中山，弟不能為中山分謗，已可愧矣；反被人傳言弟與中山有隙，分道而馳（《商報》公然宣布），則遺書之事，雖為可恥，亦不得不冒為之。今草寄南洋同志公函一封，乞兄代存，俟事發後為之郵寄《中興日報》登載，以塞宵人之口。」

南洋同志公鑒：

　　弟自昨歲小除夕離星嘉坡以來，遂與諸同志不復相見，至於今將一年矣。此一年中為此事之故，來往奔走，僕僕不定其居。屢接諸同志來書，殷殷存問，所尤不忘者，庇能[23]及仰光同志，曾電召弟往，而弟皆未嘗一報。每念及之，輒悚然不安。顧弟所以不敢報書者，以既承諸同志存問，不能不述近狀以告。將以實相告耶？則事尚未發，不能預言。將飾詞以相告耶？則是欺也。以是之故，竟躊躇而不報。今者將赴北京，此行無論事之成否，皆必無生還之望。故預為此書，託友人漢民代存，俟弟事發後，即為代寄，以補前此疏忽之過，望勿以遲延為罪，幸甚！幸甚！

----

23 又譯作檳城 Penang

抑為朋友者，於臨別之際必有贈言，況將死之時耶？惟弟所欲言者，平日已宣於民報及中興報，而民報第二十六期所載革命之決心之論文，則將生平所為文字約而言之，請即以此為弟將死之言可也。惟弟於將死之時，猶有所歉然於中者。則以今春弟將為此事，平生師友知而責之，以為死之易不如生之難，宜留此身以當艱屯。其所諄諄責備者，弟心識之矣。顧以革命之事，條理萬端，人當各就其性之所近者擇一而致力焉。既致力於是，則當專心致志死而後已，然後無負於初心也。今弟既致力於是矣，而年來與諸同事往來於目的地，相約前仆後繼，期於必制狂虜之死命。故雖聞師友之督責亦一往而不留，亦以耿耿此心可對於師友也。然死者長已矣，至於生者，因將來革命之風潮日高而其所負之責任亦日重，其勞苦沈瘁必有十倍於今日者。弟不敏，先諸同志而死，不獲共嘗將來之艱難，此誠所深自愧恧者。望諸同志於死者勿寬其責備，而於生者則務為團結以厚集其力。惟相信而後能相愛，惟相愛而後能相助。毋惑於讒言，毋被離間於羣小，毋以形跡偶疏而暌其感情，毋以行事過秘而疑其心術。蓋有此四者，往往使團結力為之疏懈，凡諸黨派所不能免，而秘密性質之革命黨則尤不能免。有如近日章炳麟、陶成章等佈散流言離間同志，是其一例，願諸同志慎之也。

嗟乎！革命之責任，必純潔而有勇者乃能負之以趨，非諸同志之望而誰望？願諸同志同心協力，固現在之基礎，努將來之進行，則革命之成功有如明朝旭日之必東升矣。弟雖流血於菜市街頭，猶張目以望革命軍之入都門也。言盡於此，伏維自愛。手此告別，敬候

道安

弟汪精衛頓首
十一月十日

出處：

- 三民公司編，《汪精衛全集》第二冊（上海：三民公司，1929年），頁177–179。

- 陳新政，《華僑革命史》（出版社不詳，1921年），頁8–9。

- 中山書局編，《汪精衛先生的文集》第三編（上海：中山書局，出版日期缺），頁90–93。

- 文化研究社編，《中國五大偉人手札》（上海：大方書局，1939年），頁277–279。

留別孫中山先生書

己酉年十二月一日（一九一○年一月十一日）

先生於宣統己酉一年中，為經營暗殺事，往還於日本香港者二次。國父及南洋同志屢阻其行，弗聽。是年秋，同盟會南方支部成立於香港，羣推先生任書記職。時倪映典運動廣州新軍反正日漸得手，諸同志咸欲先生留港為助。先生以與復生、仲實等夙有成約，堅不肯從。迨臘月上旬，遂偕仲實、璧君悄然北上。瀕行致書國父及南洋同志告別，其留別國父書云：

先生台鑒：

　　來教敬悉一切。前函囑以專心此事，既聞命矣。後函則以維持團體為急，此事可置為後圖。弟意欲維持團體，莫善於力踐前函所言。蓋此時團體潰裂已甚，維持之法，非口舌所可彌縫、非手段所可挽回。要在吾輩努力為事實之進行，則灰心者復歸於熱，懷疑者復歸於信。此非臆測之言，前事可徵也。丁未春夏之間，太炎輩在東京所以排擊破壞，無所不至矣。洎聞滇、粵軍起，東京同志躍起犇赴，未嘗以太炎等之言而有所介介於中，即太炎等亦自息其喙。惟太炎等最後之手段無過於發佈詆毀之函，前時因有人彌縫其間，此等最後之手段忍而未發。今則不然，彼等最後之手段已出矣，其排擊破壞之能力當無有更甚於此者矣。然則今後吾輩復有事實之進行著於天下，則彼等愧怍之不暇，更有何法以惑人？弟等之為此事，目的在於破敵而非在於靖內變也，所以靖內變之道亦不外於此。故弟在東京，於彼等之所為付之不見不聞，惟專心於所事而已。先生謂弟死後，太炎等不知又如何舞文，此言弟亦慮及。小人之為

不善無所不至，何能保其不為此卑劣之行？故弟草遺南洋同志書[24]存展兄處，弟事發後即為登之中興報，以杜彼輩之舞文也。餘情詳以前諸信，不再贅。專此敬請

　　大安

弟精衛頓首
十二月朔

出處：

- 馮自由，《中華民國開國前革命史》下編（上海：革命史編輯社，1930年），頁232–233。
- 張江裁編，《汪精衛先生庚戌蒙難實錄》（東莞：東莞張氏拜袁堂，1943年），頁2。

---

24 又名〈與南洋同志書〉，撰於1909年12月22日，見本冊頁49–50。

論革命之趨勢

己酉年十二月二十二日（一九一〇年二月一日）

　　嗚呼，使革命之動機，一發而不可遏、一進而不可退者，其惟丙午萍醴之役乎？蓋自庚子以來，革命之說日熾於神州。有志者倉皇奔走，於外為鼓吹、於內為秘密之組織，所惟日孜孜者，革命之進行而已。重以索虜稔惡，民不聊生，益有朝不及夕之慮。一旦聞革命軍之旗鼓建於東南，人人攘臂，雖臥病者猶蹶然而起，況其他乎？昨夕所沈思默往、憂心如沸者，一則以孤軍無援思亟起以助之也，二則以人既盡其責任而己之安坐為可恥也。洎聞軍敗，所接於耳目者，有若黨人之喋血、虜騎之無狀、漢奸之殘忍無忌憚，革命之潮益以激起。踰年而革命軍起於安慶、起於浙、起於廣東廣西、起於雲南，至昨年之冬而安慶又有軍隊反正之事。前者仆後者繼，雖其間若斷若續，起不同時、事不果成，然而民情大可見，革命之勢進而不止亦大可見也。虜政府震懾而求抵拒之策，於是強悍政策與陰柔政策同時互用。知專用壓力必不足以抑民氣而徒以激民怒也，則變其面目譸張為幻，欲以搖惑漢人之心志，直接間接務求所以息革命之風潮。凡革命軍有一度之激進，則彼之政策亦必有一度之修飾，此為邇年習見之事而無可掩者也。

　　所謂以強悍政策與陰柔政策同時互用者，立憲是已。往者虜中持陰柔政策者必主立憲，而持強悍政策者則必非立憲。洎乎近日，則強悍者、陰柔者皆趨於立憲之鵠而無所歧。若是者何也？則以立憲者非惟陰柔政策之實施，實亦強悍政策之妙用也。夫其藉立憲之美名以悅人耳目、柔人心志，寬假一二不足重輕之事權，而浮華奔競之徒悉受其籠絡，此陰柔派之所自詡者也。至於以憲法定君主之大權，專制之淫威有憲法條文為之擁護，無所施而不可。凡種種

可以束縛人民之自由、剝奪人民之財產而囊者，懼眾怒難犯有所憚而不敢為者，至此皆可藉維持安寧秩序、增進臣民幸福之理由而次第勒為成法。嗚呼，專制之威，其極使人敢怒而不敢言止耳！藉立憲以行專制，乃並使人不敢怒也，又何怪強悍派亦樂觀憲政之成而唯唯無異辭也耶？立憲之為術幻而為用廣如此，挾以為抵抗革命之具。惟陰柔為能消磨革命之意氣，惟強悍為能壓抑革命之勢力。葉赫那拉、載恬行之於前，載灃、溥儀行之於後，可謂鋌而走險，急何能擇者也。

世之論者於此往往為疑問曰，彼滿洲者，其果能以君權定憲法，保其專制而永使漢人為所征服歟？抑以作偽之故挑國民之怒，轉以促革命之進行歟？為漢人者，其果受其籠絡而墮革命之志歟？抑悉其陰謀，轉乘此以蓄革命之潛勢力歟？

吾以為，欲答此問，不可不先知革命黨之性質。革命黨者，民黨也。同為平民，其地位同、感覺同、心事同、身受之疾苦同。惟於平民之中，合肯負責任之人以為一團體，遂從而名之曰黨云爾。是故革命之主義非黨人所能造也，由平民所身受之疾苦而發生者也。欲去革命黨，不可不先去革命之主義。欲去革命之主義，不可不先去平民身受之疾苦。使平民疾苦日深一日，則革命之主義日熾一日，而革命黨之實力亦日盛一日。彼滿洲之立憲，無論為強悍、為陰柔，要之直接間接增益民生之疾苦者也，是即無異普及革命之主義也，是即無異展拓革命黨之實力也。噫！滿洲欲以立憲阻革命之進行，寧知適以助革命之進行乎？

是故欲驗革命之趨勢，驗諸民生之疾苦而可知矣。中國今日平民之怨氣直充塞於天地之間，於此而猶有望革命之不進行者，寧非天下之忍人？於此而猶有慮革命之不進行者，寧非天下之愚人？憂時之士，見滿洲公然提倡立憲而人亦竟有從而附和者，則咨嗟嘆息，以為民之蚩蚩易中酖毒，何自暴棄如此？雖然，曾亦思附和立憲之人其所處者何如之地位乎。一言以蔽之，是皆平

民之蠹而已。彼專以蠹民為生，非剝平民之膚則無以為衣，非吮平民之血則無以為食。雞鳴而起，孳孳以為之者，惟蠹民是務。其於立憲，亦視為蠹民之新術而已。是故自提倡立憲者而言，若滿洲人為自固其地位計，無足責也。若官吏其中有輸誠於仇敵者、有但知奉行意旨無好惡於其間者，亦無足責也。惟夫附和立憲之人，既非滿洲人、復非官吏，身固在平民之列，而彼之生活在於為民之蠹，則適與人民利害相反。例如紳士者，既無官守、分亦平民，然其威福與官吏無殊，而魚肉平民或有甚於官吏。一旦立憲，則由干預地方訟事之劣紳，進而為地方自治會之議員矣。又如學生，其初固以平民之志為志者。智識既進，功名之念奪其所守，而科舉既廢無可躁進。一旦立憲，則由舉子進而為政客，與人遠、與官近矣。此曹心事如此，然則發狂曲踴、銳首疾進，不復知人間羞恥事，又何足怪？試觀今日出沒於京、津、上海之間，日以組織政黨發行機關報號於眾喔喔作雌雞之聲者，非此曹也耶？聚狐狸豺狼以為一羣，終日於憲政編查館中迎合民賊之意旨，制定種種擁護強權戕賊人道之法律者，非此曹也耶？夤緣於各省諮議局之選舉，冀得一當，以便其魚肉鄉民之私者，非此曹也耶？此曹之鴉聲使人耳為之繭，此曹之媚態使人目為人眩。故聞見所及，幾若今日朝野皆囂囂然以立憲為一問題者，按其實，則立憲之動機非發於國民，而發於在朝之民賊與在野之民蠹。豈惟與平民痛癢不相關，直利害相反也。是故立憲之聲愈亟，而平民之疾苦愈甚，徒使最少數之為民害者得悍然以遂其私。聞此最少數者之謳歌，而忘最大多數者之呻吟輾轉，則可謂昧於時勢之所趨者矣。

　　或者以謂，民為邦本理則然矣，然最大多數之平民乏於智識，恆居於受動之地位，賴有智識者為以倡率。自有憸人利用愚民之術，以立憲為之簧鼓，則平民亦將眩轉而靡所適從。為此言者，抑亦不思之甚矣。夫痛苦及於人身，不必有智識者而後覺也。凡為人類，莫不有感情，是故人窮未嘗不呼天也，疾苦未嘗不思父母也。苛政猛於虎，人民之生命為所戕賊、人民之財產為所剝奪，一舉手一投足皆可罹於刑網。憂傷憔悴，生之危不如死之樂，其不平

之氣豈待有提撕之者而後覺耶？歷代叔季之世，暴動起於民間，蜂湧蔓延，無何而天下土崩瓦解之形已成。彼輟耕太息於隴上、崛起於草澤間者，豈人皆有湯武之智，亦以切膚之痛，所不能堪則奮而起耳。近日歐洲因民生問題，總同盟罷工之風潮，磅礡無際。為其分子者，皆工人也。彼工人者，豈其有甚深且遠之學識，亦以人類不能安於牛馬之生活，故迫而出此。由是可知，強權之所被能使人自然生抵抗之力，反動之起實以民情怨憤為之原料，所賴乎鼓吹與運動者，其能事在於發動之組織與進行之幹略而已。怨毒之所積，其爆烈之力至強，當之者靡不糜碎。彼殘民以逞而顧騰姦言以自文者，猶口為甘言而手劃刃於其人之胸，有愈以增受者之怨憤而已矣。謂予不信，請舉虜自宣布立憲以來所直接間接增益民生之疾苦者，為當世陳之！

夫虜之舉措，殆可謂無一而不為民害。何則？強權者，惡之藪也。其所挾持者為殘民之具，則其所措施安所往而不為厲。惡木必無嘉蔭，濁源必無清流，欲悉數其惡，擢髮未可盡也。無已，姑就其大者顯者以言之。迴溯虜未宣布立憲以前，人民所最痛心疾首而不能忍者，厥有二事。一曰由於內治之專橫而人民之生命財產受其殘害也，二曰由於外交之劣敗而土地人民為所斷送也。夫亡國之痛已使人不能一日安其居，況益之以民生之疾苦。如是其甚，怨毒之氣入於人者，深革命之思潮，遂澎湃而不可禦。猾虜於此，思用狙公賦芋之術以愚之，乃以立憲之說進。以為前此之失政，坐未立憲故耳。一旦立憲，內治由以改良、外交由以振起，富強之本其在於此。其以言餂國民，如是其巧也。然而自豫備立憲以來，由內治所及於人民之疾苦與由外交所及於人民之疾苦，乃如水之益深、如火之益烈。嗚呼！立憲立憲，民賊假爾而行惡。誠哉是言也，次述於下。

第一、由內治所及於人民之疾苦

舉其大者有二，一曰戕賊人民之生命，二曰剝奪人民之財產。

（甲）戕賊人民之生命

嗚呼！古今天下民命之賤，未有若中國人之甚者也。自滿洲入寇以來，所至屠城殺人如麻流血被野。以嗜殺人之故，遂據中國。凶德相仍，中國之人死於刑者、死於兵者、死於饑窮而無告者不可以數計。人命賤於雞犬，莫不曰專制之淫威，實使之然矣。然則苟有意於立憲，則當以尊重人命為第一事。天下未有畀民權而不重民命者，生命且不保，其他權利又安足言。天下之人以為虜雖至無賴，而於此猶不能不有以粉飾觀聽也。

先以刑律言之。曩所謂大清律例者，襲二千年專制之遺法，益之以貴滿而賤漢。滿人漢人雖同所犯之罪，而不同所適用之刑律，其專制不平等久為人所同憤矣。自豫備立憲而有修訂刑律之議，號於天下，曰將博采歐、美、日本之刑法學理，參以中國之習慣，以制定新刑律。其詞非不美也，特派大臣廣招顧問，一若鄭重其事者然。嗟夫，就地正法之制未除，顧以新刑律之美名炫飾天下之耳目，何其心之毒而顏之厚也。夫滿洲自有就地正法之制，而所謂律例已失其用。律，凡立決之囚，必先由州縣以讞上之府、由府上之按察司、由按察司上之巡撫、由巡撫上之刑部，經君主親裁，然後處決。雖司法不獨立、此瑣瑣者徒為具文，然其手續猶繁重也。自有就地正法之令，而地方官皆得操殺人之權。處決之後始以報聞，手續既簡，得以喜怒為生殺。凡鞫一囚，逼之以淫刑、入之以死罪，而讞已定矣。酷吏操此權，則以人命為草菅，屠伯之風盛行於郡縣。庸吏擋此權，雖不嗜殺，而功令所在，則亦視人命為兒戲。武健嚴酷、殘民以逞至於如是，求之各國未有其類例也。今號稱改正刑律而此制如故，則無論刑律條文若何美備、裁判制度若何完全，要皆歸於死文徒法。民命之賤，無稍殊於疇昔。

舉近事一二以為例。則如廣東惠州府知州陳兆棠蒞任一月，所殺踰千人。水師提督李準嘗於豬頭山一日戮四百人，其所殺者率被以強盜之名。所謂就地正法者也，要之，殺人者與殺於人者孰為強盜？此寧待問。然而此寧嗜殺人之兇徒必為虜廷所貴，使得益張其威福。故為地方官者人人不期而為陳兆

棠，為武弁者人人不期而為李準，縱千萬之虎狼磨牙吮血，甘人如麋。嗚呼！非洲食人之野番、沙勝越以人頭為玩物之勝子尚未足媲其凶殘。猶欲蒙立憲政體之面具以欺天下，日日以修訂刑律問題譁騰於朝市，是猶入人之室、殺人之父母兄弟，而顧與其人談孝悌也。而為漢人者，目擊其父母兄弟之被殺，一聞與之言孝悌，則亦欣欣而聽之、喁喁而望焉。謂非人妖，其可得乎？嘗怪今人讀揚州十日、嘉定屠城諸記者，即甚馴靜，亦未嘗不作憤懣之色。而於虜每歲殺人之數，則不為約略以計之，今即以死於就地正法者而論。一年之中，各府州縣所屠殺者何可勝數，特所流之血斷續零碎，則人亦不驚其慘，久且習而忘之耳。

　　虜見民之易與，則益肆其惡。有不堪其虐激而為變者，輒臨以重兵，使無噍類。例如前歲欽廉民變之事，天下所知也。溯其起因，蓋地方官吏盛行雜捐以苦民。欽廉地瘠民窮，不勝其擾。窮無所之，不得已舉紳耆數十人乞哀於官，冀稍得蠲滅。官惡其瀆也，則盡囚此數十人以為恫喝。鄉民不忍，糾眾入城，徑釋囚，載與俱歸。而地方官吏遽飛檄請兵，兵至則大肆焚掠。那添、那彭、那麗諸墟，在欽州中以豐阜聞，指為匪巢，以砲隊燬之。廬舍一空，老弱婦稚死於砲彈之下者尸相屬也。聞諸自難地來者言，婦稚畏砲而不知所避，輒羣匿於屋隅，故砲彈所及全羣俱斃，血肉飛空，地為之赤。嗚呼！世有讀嘉定屠城記而墮淚者乎？設有人編欽州洗村記，當知虜之凶暴，二百六十餘年如一日也。欽廉之民以是之故，怨毒愈深，以死與抗，不為之屈。其後革命黨入而助之，易鄉民與官兵之對壘為革命軍與虜兵之對壘。防城一戰而後，虜見革命軍紀律嚴、為民所親，自以結怨於民者深，相形之下樹敵滋多，乃始稍稍斂其凶殘之行而瘡痍已滿地矣。此即豫備立憲時代之事實也。今且於憲法大綱，君主統率海陸軍之大權，陸軍部為全國設置三十六鎮之計劃，籌辦海軍處亦擬先製小艦，備於內海及長江為遊弋之用。即中國之財以練兵，即以殺中國之人。四萬萬之漢人實為彼鼎俎中物，中國之前途直膿血充溢之境而已。

悲夫！中國之民死於刑者為數不可紀，而死於兵者則清鄉洗村伏尸相望，死亡之數尤無可報告。亡國之民命如螻蟻，寧不可傷？雖然死于刑死於兵猶死之可見者也，至於戕賊生命於無形者則莫如刑訊。清律重刑訊，所用刑具有笞杖、枷鎖、手杻、腳鐐、夾棍、桵指、壓膝、問板等，已極人世之殘忍矣。而官吏取供，官刑之外更用私刑，所造刑具尤凶毒無人理，民之死於斬絞者不若死於監獄者之眾，死於監獄者，不若死於刑訊者之眾。自修訂刑律，而刑訊之制已布告廢除。然求之實際，則各省之用刑訊如故也。蓋一紙廢除刑訊之空文，虜不過以為粉飾耳目之用，初無實行之意。而為官吏者對於政府，從其令不如從其意，彼既逆揣虜廷意旨所在，則悍然為之而無所憚。以邇所聞，各省之用刑訊，非惟無減於前，且日加甚。如浙江審訊大通學堂教員，嚴刑逼供，受刑者膝骨排裂，周身露肌，淹血十餘處。武昌獄囚謀越獄未遂，事覺被榜掠，楚毒備至，洎處決時奄奄一息，身無完膚，如新剝皮之雞。四川訊囚，以香火鱗燒其體，名曰大八團花，更烙鐵炙之。廣東訊囚，先加榜掠，至血肉狼藉，乃附膠於紙遍賠傷處，使跪伏日中，曝之令乾，血肉與紙膠既凝結為一，復提訊之，凡有弗承，輒力剝其紙，肌肉膿血隨以俱脫，呼聲澈天，名曰剝竹皮。凡此種種，皆廢除刑訊之後所叢出之新法也，皆豫備立憲之時所以惠其民者也。民之呻吟宛轉死於刑訊之下者或雖未即死，而卒以痛深創鉅致隕其生者。其死狀之慘，視屠殺者猶將倍蓰，而其數則不止於倍蓰也。煢煢以生，忽忽以死，誰其恤之？

此猶曰不幸而觸刑網者耳，天災流行，饑饉薦臻，民之死於無告者，其數尤夥。如江北巨災，集賑款五百萬，虜帥端方侵蝕三百萬，又慮饑民為變，遣軍隊彈壓之，示以稍反側即立盡，於是饑民皆枕藉就死，無敢有蠢動者。陝甘旱荒至人相食，虜帥升允漠然不顧，十室九空積尸成疫，乘凶年以致吾民於死，尤所謂大盜不操矛弧者矣。如上所述，使吾民死于濫殺、死於刑訊者，虜之積極行為也。死于饑疫者，虜之消極行為也。此於專制時代固數見不鮮，既曰豫備立憲矣，而其為民害乃尤甚於專制之時，非所謂每況愈下者耶？

（乙）剝奪人民之財產

吾黨漢民有言，各國之憲法，其本旨在於限制君權。滿洲之憲法，其本旨在於鞏固君權。以此說明滿洲立憲之現狀，可謂要言不煩矣。乃觀於近日立憲黨人要求開國會之現狀，亦有至足笑呫者。各國人民之要求開國會也，以不納租稅為挾持之方法。而彼輩之乞求開國會也，以獻納財產為引誘之方法。此真求之已往之憲法史未有其例者也。夫不出代議士不納租稅之格言，彼輩固亦知習為口頭禪矣。尋繹此格言之本旨，則以租稅出於人民，故必當由人民議定之。代議士者，人民之代表也，以代議士議定人民之租稅則能得民意，故必以出代議士為納租稅之條件。苟政府欲行其專制而推翻代議之政體者，則人民得以不納租稅為對待。如是，則政府無以供給其需要，必不能一朝居。欲擁護代議政體使植而不仆者，端恃乎此。設有政府既推翻代議政體而猶強徵租稅於人民，則人民必起而與抗，此憲法史上所常見者也。

舉最著之例言之，則如英國查理斯第一世時張君權以抑國會，人民不勝其忿。及其與佛蘭西戰，要求軍費於國會，遂致國會與政府之間起非常之衝突。國會提出權利請願，其中重要之條件，如不經國會之承諾，不得徵收租稅、不得濫逮捕監察人民、不得妄為財產之徵發等，要求國王承諾此權利請願，然後國會承諾軍費之供給。王迫於戰事不得已而從之，未幾復萌專制之故態。違背權利請願，不待國會之承諾，遽課租稅於人民。國會惡其違約起而反抗，王屢解散國會，禁錮民黨之領袖。於是自一千六百二十九年以來，互十一年不召集國會、誅求租稅。有反對者則逮捕之，處以酷刑。及其再召集國會也，國會斷然拒絕軍費之支出、彈劾大臣、攻擊王之失政。王怒而威以兵力，民黨亦以武力為抵抗，由是內亂遂作。前後七年，至克林威爾率民黨之兵以敗王師，遂於一千六百四十六年置王於獄，一千六百四十九年處王以死刑。英國國民之實行不出代議士不納租稅之言如此，使立憲黨人而知此義，則其要求開國會，當以不納租稅為挾持之具。而既導人民以出此，則當知政府必將以強權

相脅，不可不儲武力以為之備，如是則有所恃而無恐。設其果以壓力至，則人民直起而反抗，或竟由此以舉政治革命之實，未可知也。

然此何足以望之立憲黨人。彼方卑躬屈節，務為恭順。其對於人民，非惟不敢導於反抗也，且將導以屈從。其對於政府，非惟不敢犯要挾之嫌疑也，且將貢其側媚之故態。於是變不出代議士不納租稅之言，而曰國會開則財用足。觀其請願書之大旨，以謂方今國用奇絀、司農仰屋，推原其故，由人民無關懷國事者，故其輸將不力。一旦開國會，人民既得參政之權，必樂盡納稅之義務。凡政府有所需要而責人民以供給者，不必政府自為搜括也，使國會議定而執行之，則民自樂從。如是，朝廷何憂財用之不足？噫！如其所言，則不出代議士，人民之納租稅如故也。不過有代議士之後，則代議士得代表人民，對於政府而承認供給之責任耳！國會乎？國會乎？直一增稅機關而已！

古代之君主行其專制，往往直接對於人民以肆其聚斂，故人民之怨毒萃於君主之身，若桀紂是已。泊於近世專制政治日以進化，君主之為聚斂不直接對於人民而假手於官吏。由官吏聚斂所得以歸於君主，其得之也以間接，故人民之怨毒萃於官吏而不萃於君主之身，若弘曆之宰肥鴨是已。其所操術已視古為勝，然官吏者，其身分為君主之鷹犬，怨毒所在，君主猶未得高枕而臥也。今則聚斂之事，不責之官吏而責之國會。國會者，其名則人民之代表，無為君主鷹犬之嫌疑。而其發生由於政府之孕育，其權力由於政府之賦與，其生活則匐匍於君主大權之下。國會之所欲不能強君主以必從，君主之所欲則能強國會以必從。如是，國會終亦為君主之鷹犬而已。逆料中國之前途，而知國會之開其於民生必無幸也。

凡國會生息於專制威權之下者，非為君主之傀儡，即供君主之魚肉，最下則為君主之鷹犬。例如土耳其一千八百七十六年之國會，所謂為君主之傀儡者也。以各省總督為上議院議員，以阿附皇室之小人為下議院議員，徒擁虛名而君主之專制如故。反之如俄羅斯一千九百零四年之國會，即所謂供君主之

魚肉者也。議會欲行其政見，不肯阿附政府之意旨，遂與政府為激烈之衝突。其終也，議會解散，議員不免於刑戮，而君主之專制亦如故。是故使議會而荏弱也，土耳其之國會可為鑒矣。使議會而激烈也，俄羅斯之國會可為鑒矣。持是以測清國議會之將來，以今之立憲黨人，其興高采烈如此，必不願如土議會之沈默也。其卑猥恭順如彼，必不敢為俄議會之強硬也。然則其所欲出者無過一途，曰為君主之鷹犬而已。越南議會之會同員、豪傑員，其模範矣。（詳見第二十二號時評。）25

　　蓋他日之舉措，徵諸今日之請願而可知。彼豈不知不出代議士不納租稅為要求者所當有事，顧偏為國會開則財用足之言。是由於偵知虜廷之隱意而以是為迎合也，是即鷹犬之智也。虜方患財用之不足而又窮於羅掘之術，饞吻大闢，倉猝無以濟其貪。知國會可為聚斂之機關，則適中其所欲。故國會之開，期以九年。而此九年以內，日汲汲於攫財權以歸之中央，清查各省之歲入，必欲盡實其嗛而後已。而地方稅則頒布於第四年，國家稅則頒布於第五年。有惡其繁苛欲為抗議者，則將以阻撓豫備立憲立關其口。洎乎國會既開，蜷伏於君主大權之下，凡基於君主大權所定之歲出，國會無置議之權。而君主大權至廣無垠，其可得為國會所容喙者，直君主所視為雞肋者耳。然則，對於政府所責令供給者，舍畫諾外無餘事矣。人民有欲為抗議者，又將以代表承諾立關其口。多此增稅機關，於君主專制固甚便，其如民生疾苦益以加甚何？虜之貪饕，宜其樂於出此。彼教猱升木者，吾不知其何心也！

　　今姑無暇論其用心之奚似，但就其所持富強之說以衡之。彼以所持，無過日用民力以振國度而已。夫論政治者所見恆不一致，其以民生艱難為重者，則恆愛惜民力、不敢輕用。其以國力發展為重者，則欲國民各致其力以為積極的行動。二說固各有短長，然亦有共通之點焉，則不濫用民力是已。此不獨念民生艱難者無有異辭，即謀國力之發展者，其用民力亦期於有所償，未敢

---

25 指章太炎《時評：越南設法佹議員》，全文見民報（東京），1908年第22期，頁39–40。

有濫用之者也。濫用民力，則民將日即於憔悴而國亦以敝。今虜之殘民，猶得日未造其極乎？雜稅盛行，棼如亂絲。其取之也無度，其用之也無節。一歲所入，供民賊之欲者十之六七，中飽者十之三四，以之利民者十不得一焉。民之脂膏逝如流水，肉盡骨見而虜之狂噬死咋猶無已時，以致四海困窮、所在變起。而立憲黨人猶患無以饜其豺狼之欲，為以畫策以助其虐，彼何仇於同類乃忍於為是？顧飾其詞曰將以求富強，其誰欺！欺天乎？循是以往，九年之內，攫財之術日以精，民生之困日以甚，不待開國會而民已無以聊其生矣。而增稅機關成立之後，其蠹蝕吾民，寧待論耶？

右之所述，人民之民命財產被蹂躪於豫備立憲時期內者，其為害之烈乃倍蓰於專制，其餘種種自由為所鈐制者更難悉數。要而言之，君主者，人民之敵也。君主之大權重，則人民之自由不得不輕，此固互為消長者。在昔專制之治主於放任，凡所付之不見不聞者，人民可得而自由。洎乎立憲，揭人民之自由著於法律命令，美其名曰保護，保護之為言干涉也。惟其立憲之目的在於鞏固君權，故非干涉人民之自由不能達其目的。邇年以來，如頒布報律、集會律等，干涉人民言論自由、集會自由，必使踏步荊棘、跼蹐若轅下駒，然後獨夫得以高枕而謂莫予毒。其為厲於民，烏知其極！此則豫備立憲以來，其於內治直接間接增益民生之疾苦者，事實昭昭，予人以共見者也。

第二、由外交所及於人民之疾苦

自虜廷以媚外為外交之主義，遂不惜舉中國之土地人民以贈與於各國。瓜分屬國不已，進而瓜分海軍港，更進而設定勢力範圍於各省。外侮之烈，勢如山崩地坼。中國之人，懍懍然有陸沈之懼。其在國內者，見割地賣民之事不絕於目，抑抑不聊其生。其在國外者，日受外人踐踏朝不保暮。所感於外者，刺激之力至銳，則心理亦隨以變遷，於是發憤為雄之志始以萌蘗。有欲恢復已失之主權，以致中國於獨立者，此一說也。有望虜懼而修政，同德一心以禦外侮者，此又一說也。前說吾人無異辭，至於後說，於侮我者知拒之，而

於亡我者顧不之仇。所謂不能三年之喪而緦小功之察者，然原其所以迫而出此者，豈不以外侮煎迫至於無可避，故不擇人而呼救。其識雖闇，其情抑大可憐。蓋人民為外勢所凌藉，創深痛鉅，固已極人世之奇辱矣。前此之禍，虜實招之。而望其一旦恐懼修省，為亡羊補牢之計，此立憲之說所以起也。

今卑無高論，即就立憲言之。曩者虜以專制為治，一切政事人民不得與聞，而由失政而生之禍害則悉責人民以引受。此非獨外交為然，而外交特其著者。開戰之權，虜實主之，而丁壯暴骨原野、老弱疲於轉輸以死於溝壑之中者，中國之人民也。媾和之權，虜實主之，而負擔數萬萬之賠款、脂膏以竭筋力以盡終不免於槁餓者，中國之人民也。結割地之條約，而吾民被轉賣於人，先人之墳墓、留以貽子孫之田廬悉隨之以永辭其祖國。結不對等之條約，而吾民無所往而不受外人之蹴踏。結賣路賣礦之條約，而吾民之利權為所斷送，辛苦憔悴無以為生。比年以來，使神州淪於悲風苦雨之境，人民旁皇而無所依者，孰非由虜之外交行動所致？至於今日積重難返，猶迴瀾之未易挽、燎原之火之未易以撲滅也。虜知民怨已深，民心已去，乃為君民同治之言以相餂。夫既曰君民同治矣，則外交之權亦當與民共之。虜苟回顧前此所躬自釀之之毒害所貽於人民之痛苦，雖至無恥，猶必自愧獨攬外交之大權也。且人民所為俯首下心以附和立憲之議者，固亦日期於同心禦侮而已。

然則，於憲法上許人民代表以參與外交之權，殆為萬不容已之事。且求之君主立憲各國之憲法，固有其先例矣。普國君權於歐洲君主立憲各國中號為獨重，而其憲法第四十八條云，通商條約或加負擔於國家或科義務於人民之條約，以議會協贊生其效力。虜之憲法即不能倣效他國，獨不能倣效君權獨重之普國乎？普國憲法猶有此條之規定，虜而吝之，則前此所躬自釀成之之毒害所貽於人民之痛苦，此時初無所愧悔，然則此後之仍其前轍，抑可知也。虜以割地事人，聞於天下久矣。觀於荷蘭憲法五十七條云，割棄領土或交換領土之條約及關於法律之條約，無國會之同意，國王不得批准。虜前此以專斷之故而割棄膠州灣、旅順、大連灣、威海衛、廣州灣、九龍之領土，今於憲法不規定

此條，其何以謝膠州灣、旅順、大連灣、威海衛、廣州灣、九龍之人民也？是欲使未割棄之領土胥為膠州灣、旅順、大連灣、威海衛、廣州灣、九龍之續也。今觀於虜所定憲法大綱，則以宣戰、講和、訂立條約為君主之大權，從而申明之曰，國交之事由君上親裁，不付議院議決。噫！此與專制時代有以異乎？無以異乎？豈惟無所異而已，其為毒將甚於專制。何也？專制時代，虜獨攬外交之權而不容人民之干預，人民對之，猶或有怒其專斷、惡其無道、因忿激而起反動者。今後則依於憲法以行其大權，視為分所當為，無稍不衷於典則，而人民對之無復可以非議。其善於防民之口，以視周厲王之監謗、秦始皇之禁偶語，巧拙相去不啻霄壤也。

　　蓋嘗論之，專制之世上與下皆無法之可守，故人民之於君主惟能以道德相尚，有德則足以服人、無道則指為殘賊。立憲之世則不然，君主與人民之權利義務皆定於法，於是人民之於君主無賢不肖之問題，但有違法與否之問題。是故欲知君主之能為惡與否，亦視其於憲法之範圍內自由行動之程度如何而已。（至於君主恃有實權，而以憲法為具文者，則為憲法不能實行之說。今之所欲言者，則為虜即實行其憲法，其為害於民已無紀極，更無須慮其不能實行也。）使憲法而出於限制君權之目的，則能使君主不能為惡。夫君主依於憲法，雖欲為惡而不能。以視專制之世徒望君主以不為惡者，固為勝之。然使憲法而出於鞏固君權之目的，則君主之為惡視專制之時將益肆。蓋彼不必軼出於憲法之外，然後可以為惡也。依於憲法，而其為惡之自由固已充分矣。彼雖稔惡至於無以復加，而於憲法之條文未嘗違背。人民既不復得以道德相繩，又不能指為違法。是彼憲法者，直為君主拓藏身之地而為之屏蔽以避人民之指目者也。

　　即以外交之事論，曩時人讀虜諭見其中有云，外交之事，朝廷自有主持，豈容下民干預，鮮有不忿然作色者。而憲法大綱所謂國交之事由君上親裁不付議院議決者，則於歡祝立憲聲中而泰然宣布。夫是二語者，民賊之口吻無毫厘之差，而受之者好惡之情懸絕如是。然則虜之必假立憲之名以行專制之實

者，豈無故耶？循是以推，今後虜雖與某國締結割讓某地之條約，而天下之人亦無敢有議其不法者。然則虜之立憲，其於人民為有利乎？抑無利乎？嗟夫，由外交所被於人民之疾苦，比年以來固飽嘗其況味矣。其在昔日為專制積威所劫，瞠視虜之棄民割地而莫敢與校。蚩蚩者方僥倖於立憲，以為可徐蘇其積困，而立憲之實際顧若是。試為約略以計豫備立憲時期內之外交，有若美禁華工，虜漠視不為之，所聞人民以不用美貨為報復，則命官吏以嚴行干涉。又若浙要借款問題，惡國人多言聒耳，且命姜桂題率兵南下以為恫喝。至於最近清日交涉懸案之解決，輿論騷然，虜固付之不聞不見，而人民亦莫如之何。其摧殘民氣之手段如故，其喪權取辱之面目亦如故也。雖其間如粵漢鐵路問題等，外人以中國民氣之盛而折衷於正義，可為人民對外觀念之進步，然民氣者必藉民權而後可以持久。虜方張君權以抑民權，若惟恐非萌蘖而摧折之務盡。民權既不可得，則民氣雖作，亦終歸於衰歇耳。由國際之現象以觀，昔之所患在於人方協以謀我，而我不知所以自救。今之所患，知自救矣，顧有掣其肘而使不得動者。是故吾民苟一日慴伏於虜下，則不得不更慴伏於外人之下。陵夷之極，或至間接以為外人之奴隸，斯則所不忍言者矣。

　　虜之外交手段，其被毒害於國內之人民者如此，至其所以對海外之人民者直可一言以蔽之。前以為奸民，今則以為奇貨也。原人民所以流寓於國外者，或以國亡之際不忍見中原之邱墟、衣冠之塗炭，遂大去其父母之邦也。或以與臺灣鄭氏相從海外，戮力於光復之業，遂為虜所仇視。鄭氏既覆，不得歸其故鄉，遂四散於海外也。或以困於苛政，生計艱難，仰不足以事父母、俯不足以畜妻子，窮而糊其口於四方也。凡此莫非虜之窮凶極惡有以致之，而猶以為未饜，又假他人之手以為薙獮。凡華僑以無所保護而受人殘虐者，虜以得聞為快。由是僑於暹羅者至不得不乞各國之保護，僑於安南及荷領羣島者備受法人荷人之虐遇。西貢之旁有小島焉，其名曰昆侖，有數百人編管其中，囚服而蓬首，皆廣州灣之民也。當虜舉廣州灣以贈法，鄉民不勝其忿，法兵來則集眾持械，死與撐拒。法人憚其致死，檄虜帥發兵剿之。鄉民方悉力以禦法，見虜

帥以兵至，不知所為敗而潰走。懷狐死正邱首之感，相率逃歸於父母之邦。虜命官吏悉掩執之，以付法人。法人盡流之於此海島，禁錮終其身。有憐而慰問之者，嗚咽之聲，人類所不忍聞也，此則安南之華僑所能知者也。八打威[26]有紅河[27]焉，至今人猶指而目之，即虜乾隆時荷人縱兵殺華僑數萬之處也。事後，荷政府懼啟釁，遣使詣虜廷謝罪。虜報之曰海外奸民朝廷向不過問，於是荷人益肆其屠殺。華僑震恐，有斷髮易服矯為土人以避邏偵者。久而種變，竟忘其籍貫姓氏與土人同，不復能辨為漢種。若此者其數不尟，此則爪哇之華僑所能知者也。虜之甘置華僑於死地，殆與在內地之肆虐，同其殘忍。

乃至近日而忽為保護華僑之說，粉飾其獰惡之顏面以嚮人。虜不自怍，他人亦將為之顏汗。而其為民怨府乃尤甚於疇昔，何也？疇昔膜視僑民，觀其宛轉於他人鼎俎之中以為快，用心雖毒，猶為質直不欺者。今也不然，初不自省其豺虎之行不齒於人，猥以為稍假辭色則人人引為矜寵而立消其平日之深仇大恨，此真與當日屠城已遍而使人謝封刀之恩者如出一致。稍有血性者受之，未有不怫然怒者。而況其忽假辭色之故，由於中情饕餮，不勝其肱篋之欲，乃不得已以聲音笑貌為之餌，以狼之貪為狐之媚，昔之可憤猶不如今之可賤也。然而僑民遠在海外，為虜之權力所不能及，既不能為之禍，亦不能為之福。故於虜之飾為深情厚貌而至，喜則狎之、怒則拒之，漠然若無所關係，而虜之術亦終不得售。豫備立憲時期內所以慰海外之民者，固如此矣。

嗟夫！僑民者，恃祖國為存立。祖國之安危，僑民安危之所繫也。祖國之榮辱，僑民榮辱之所在也。而祖國既為虜所據，於是僑民之生涯遂漂泊而無依。往者虜斥為奸民不復過問，而僑民能於海外自營其生者，雖曰恃其勤勞、節儉、忍耐之德，亦由其時歐人於美、澳、南非諸洲及南洋羣島新闢殖民之地。墾闢之事既不能望之土人，而白種人亦但知乘堅齧肥，為長駕遠馭之策

---

26 Batavia，今易名為耶加達 Jakarta

27 Kali Angke。一說 Angke 為閩南語，1740年過萬華人被荷屬東印度公司屠殺，因溪水染紅而得名。

而不能勞體力以為工作，於是勤勞、節儉、忍耐之華工乃至為人所信賴，胼手胝足以勞働為生活。持以與歐人在殖民地之事業相較，則歐人以侵略著，華人以勞働著。歐人以握政治權為着手，華人以治生產為着手。歐人之於實業為吸收權利者，華人之於實業為生利者，則華人之價值與其位置亦可見矣。然而飛鳥盡則良弓藏，狡兔死則走狗烹，華人既不能攬政治軍事之權，又無祖國為之庇翼，則榮辱去留惟在於人，可招之使來即可麾之使去，是故美、澳、南非諸洲皆相繼限華人之足。美則禁止華工，而華人之入境者皆受其苛待矣。澳則有白澳洲之説矣。南非洲則華人之商店亦限於一定之區域，使居住遷轉不得自由，以憔悴其商業矣。海外之地雖廣，其得為華人託足之所者，惟南洋羣島彈丸黑子之地耳，而美、澳、南非之事可鑒也。

假令墾闢之事浸備、謀生之途浸溢、白種人之至者浸眾，則羣居耦處而種競以起。其始猶種族間不快之感而已，其繼則迫而為生計之競爭，人情孰不袒其種族，華人之必為逐客可預決也。哀哉吾民，蟄居內地則無以為生，窮而遯於外又無所往而不受人之擯斥。邇者馬來半島以錫價頓落，華人之為礦工者多失其業，歸國者踵相接。昔以不安於故鄉之困窮而出亡於外，今以在外之困窮且甚於故鄉，乃不得已而復歸焉。進退維谷，其狼狽之情可見。而虜之官吏，熟視不為之所，則亦惟有轉於溝壑而已。鋌而走險以為盜賊，則官吏磨刀霍霍以相待，徒以血肉供其葅醢。虜之直接間接致吾民於死者，大率如是。以海外之人民與在內地者相較，其毒苦寧有遜耶？

如上所述，虜自宣言立憲以來，由內治外交所及於人民之疾苦，可以概見。括而言之，虜之政策強悍陰柔相濟為用。強悍政策惟暴是尚、陰柔政策惟詐是尚，暴所以虐民、詐所以欺民，非暴無以濟其欲、非詐無以飾其惡，暴使民畏、詐使民愚，然而虜之行詐或有識者始能知之，虜之為暴則凡身受者所能知之也。身受其暴，痛苦浹於骨髓。虜之行詐，初不能減其痛苦，故虜於平民無所用其詐。惟於平民之中收其為民望者，使附於己，然後其詐始售。而號稱為民之望者，身處於平民之中而意常存於虜之側。其初亦憚虜之暴戾無恩

意，則陽附於平民。迨虜以詐來，彼即以詐應，相尚以詐協而欺民。夫所以協而欺其民者，其目的固在於協而虐其民也。於是昔為民望者，今為民蠹矣。

　　故吾嘗謂今日之立憲與昔日之開博學鴻詞科絕相類。當明之初亡也，遺臣逸老所在，多有麥秀黍離之感、披髮左衽之戚，發為謳吟，天下聞而悲之。虜患其心之不已屬也，則開博學鴻詞科以為網羅。貞介之士固不為動，然當時不少託逸民為名高者，彼於宗國初無思慕之誠，徒抱身世飄零之感而託辭於俛仰興亡以鳴其哀怨。夫自傷飄零，則其不能忘情於富貴可知。而又自負才望，不欲與庸庸者同其進退，則矯為風節以取重於當世。其實取重於當世猶非其本懷，彼蓋欲以取重於當世者取重於虜廷。其動人之術不以側媚而以風節，其媚人乃尤摯。及虜以博學鴻詞科相待，則如磁石引針，膠附而不可分矣。雖然彼昔日能得當世之同情者，亦以與民同休戚故耳。一旦自遠於平民而蛇行近虜，一人雖笑，天下之號咷自若也。虜以為收為民望者置之樊籠之中，則人人將壹其心志。曾不知其初固為民望，自為虜用則轉為民蠹。彼既自棄於民，民亦因而棄之。而虜得之以濟其惡，民生疾苦日以加甚，此所以反動之事二百六十年來起而不絕也。

　　今之立憲，託名雖殊，操術則同。惴惴於人心之思漢而欲以是搖其心志，同也。自知凶殘之行不容於人類，思以美名掩覆之，同也。昔以博學鴻詞科為號召，而天下之賤儒奔集焉。今以立憲為號召，而天下之政客奔集焉。昔之賤儒知人心未忘故國，則矯為逸民之節以收人望。今之政客，見民權思潮一激千丈，則亦假愛國之說以悅國民觀聽。至其深心，陽殖民望、陰諷虜引以為此，則古今人何遽不相及？此輩在一般人民中為多言而躁，當其躍躍進取，竟與懷真理之熱誠者同其奮發而其不憚污下，纖首銳鑽則又過之，故能於民眾之中如錐處囊，脫穎而出。虜以為擷而取之，則蚩蚩者莫為之導，將如瞽之無相也。於是設憲政編查館於北京、設諮議局於各省，舉所謂政客納之彀中，豐其芻秣、嚴其韁勒，使昔之為我患者今轉而為我用，意謂天下之人將口箝而心

死。噫，此亦可謂繩其祖武者矣。以視乃祖之開博學鴻詞科，賊智正復不讓，雖然以效寧可覯耶？

夫虜之汲汲於收民望者，欲得民心也。不知欲得民心，必先去民生之疾苦而後可。欲去民生之疾苦，又必先去其暴虐而後可。然而虜賊民以自養者也，不賊民無以自養，則其勢不能不為暴。既不能不為暴，則民生之疾苦如之何其能去也。不能去民生之疾苦，則凡為民望者方致死於虜以救其民，豈虜所能羅致。然則，其所能羅致者，必陽殖民望陰為虜用之小人，可知也。夫此輩小人者，日蒙面具以溷跡民黨，其為民黨之辱已甚。今悍然以其真面目揭示於天下，所謂橘踰淮而為枳、爵入水而為蛤，正足為平民深幸。而虜顧欲藉此輩小人之謳歌以掩天下呻吟之聲，寧非至愚？試觀虜自豫備立憲以來，輩小人拜颺於朝、酣歌於市，對人必矯為感激涕零之狀，發為文章。又不憚苟賤，務為犬馬戀主之辭。乳臭之溥儀，含哺而啼則驚為仁孝，攀鞍而嬉又頌其神武。而於陰險狠鷙之載灃，其心術與手段之殘酷予天下以共見者，猶復頌為賢明，歌舞不絕。此昔日稍有氣骨之奴才所不肯為者，亦公然為之而無所怍。其以死力為擁護可謂至矣，然而回顧平民，則於所謂豫備立憲之詔書與仁孝、神武、賢明之君德，固熟視而無睹。所能知者，刑罰重而生命危，稅歛繁而生計盡，胡兒貴而漢兒賤，外人橫而華人懦。凡此皆痛苦及於其身，不待深思而後覺。四百兆人所受既同，則所感亦同。怨戾愁慘之氣凝而為一，以集於虜。威力且不能劫，何有於行詐？噫！作偽心勞日拙，非虜之謂耶？

吾人於此得二義焉。

一則以民生疾苦之故，而愈不得不致力於革命也。夫吾人所以致力於革命者，其目的在自立，非第欲免疾苦而已。人不自立而仰賴他人之恩覆，已足以長惰而忘恥。況夫其所仰賴者乃為鈐制我束縛我之仇讎，則與受其恩，寧受其虐也。蓋我不幸而受其束縛鈐制，力雖偶屈，心則未降。此未死之心，即恢復自由之種子。若因其噢咻，拊循而感之，則是心為之屈，而自由終無恢復

之日也。主人之遇其奴婢也，什九暴戾，然亦有撫以恩意者。無論施者為恩為暴，而受者之為奴婢則同。人而至於以人為奴，則其身已為自由之敵，即使遇奴有恩亦無能稍寬其戾。而為之奴者，但知恥為奴而已。施之以暴固宜知恥，施之以恩尤宜知恥。今之憚滿洲專制而欲易以立憲者，猶奴婢之乞恩於主人。苟賤已甚，吾黨恥之。而以自立為目的，則為自立之敵者在所必除，初不問其為恩為暴。

今茲顧以民生疾苦為言者，固亦未渝此旨。第以為凡有血氣者莫不有感情，人未有坐視同類之陵夷而漠然不動其心者。正以社會之內執業萬殊，人各因於所處而殊其休戚，所處愈卑者其戚亦愈甚。一國之內，負責之重莫平民若，所處之卑亦莫平民若。平民猶地也，盡人所不能離，亦盡人得而蹴踏之矣。然使有人心者，苟設身處地以平民之休戚為休戚，則平民所受之疾苦若躬自受之，度未有不惝然而起者也。嗟夫！人往往因於執業之殊而移其情，即有志民生者或亦不能免。使能常以平民之疾苦為念，則雖耳目所不及，自能長繫於其心而不能去。念民生之疾苦，未嘗須臾離，則革命之志亦不須臾離矣。

二則民生疾苦如是其甚，革命之勢必進行而不已也。夫壓力愈重，則抵抗之力愈強，此人類心理所同然。且政治學者常言，中國人有民主之特質。蓋其人民對於君主但有政治的觀念，無宗教的觀念。以為君主無道，則人民起而革命為理之自然。故無論如何之暴君，祇能摧殘民命於一時，而一時之摧殘適為後日反動之果。其潛勢力蓄之愈久，則當其爆發也愈磅礡而不可遏。雖有時為政府之暴力所抑，表面上若歸於沈寂，而潛勢力之蔓延如故也。此無他，革命之原因不去，則革命之勢力無所往而不存在。二百六十餘年來，人民反抗之事實不絕於書，雖情勢各有不同，而其所以發生之原因則無不同。依此原因蟬聯而下，其必有瓜熟蒂落之一日，可決言也。尤有進者，前此人民惟知弗忍於疾苦而不知所以免此疾苦之方法，激而反抗即令遂其志，亦毋過以暴易暴而已。今則不然，因於革命主義之普及，所以免此疾苦之方法既已知之詳且盡

矣。夫惟知疾苦之可以免，則於目前之疾苦愈跼蹐而不能安，而其激進也以後有所迫、前有所期，乃孟晉而不能已，其進步之驟決非前此之比也。夫革命之不可以已如彼，而其進行之大勢又如此，則自奮於一般人民之中而負革命之責任者，其於人民之疾苦，立則見其參於前、在輿則見其倚於衡，當被髮纓冠而往救之。儻濡忍徘徊，使人民之疾苦遲遲而不得脫，斯則言革命者之責也。

豈惟言革命者而已，即今之立憲黨人，其初亦平民之一分子，於平民所受之疾苦寧不知之？知之而猶以立憲相唱和，是誠不知其何心也。若謂有所愛於虜而必為之盡忠，則立憲黨人聞之亦當聽然而笑。此等人平日不憚以蝙蝠名士自居，充然無廉恥之色，謂其能為虜守蹇蹇之節，彼所弗承也。既自棄於漢而又非傾心於虜，則其所以言立憲之故，毋過曰為一己利祿計。誠如是，則罪與虜等，惟有使之與虜同盡而已。雖然人心不同，各如其面，立憲黨人中或有百之一二以立憲為有利於人民因而甘之如飴者，然使一為省察立憲豫備以來所及於人民之疾苦，當必翻然而悔，知向者之為虜所愚而無以對於人民也。知向者之為虜所愚而無以對於人民而思有以補其過，則其所處之地位，固有足以助革命之進行者。請為言之於左。

夫其人之初心，以立憲為有利於人民，則其初心必不願得鞏固君權之憲法，明矣。蓋以專制為有害於人民，然後惡而去之。今以鞏固君權為憲法之本旨，則其為人民之害將有甚於專制。然初心所不願而今竟屈而從之者，何也？意者於憲法大綱發布之時，未嘗不色然而駭。旋以理欲交戰，利民之心終不敵其利己之心，故靦顏以為附和歟。誠如是也，則一旦復其初心之際，不可不自矢以此身為人民利益之犧牲。如是，昔所屈而從之者，今必決然而為反抗。天下自命為政黨者，豈其於政府之所為惟順從之為務而不敢以一言為反抗？以順為正者，妾婦之道耳。使能出於反抗，虜未必即惡其不順指為革命黨，取而加以刑戮也。即使加以刑戮，而以其身為目的之犧牲以無負其初心，為樂不已多乎？使立憲黨人而能有樂於此，則反抗之方法不可勝用也。

　　夫偽立憲常激成大革命之風潮，歷史所明示矣。推原其故，正以其時立憲黨人意專於為民而不屑阿附政府之權勢，其用心之所存在將護民權，使其發達之機得以暢遂而無所沮閼。設政府以為不便而欲摧遏之者，寧舍其命不為讓步也。由是與一般人民呼吸相通，而政府為保其假面目之故，不得不有所容忍。雖有時誘之以利、劫之以勢，然目的已定，百折而不易其趨向，無所屈撓、無所遷就。其對於所抱之目的而盡鞠躬盡瘁之誠如此，故能使其目的炳然著於天下而得天下人之同意。洎乎民氣日以疏達，民力日以養成，進而貫徹其所主張，欲於國法上以民權為基礎。至是而政府無可容忍，不得不揭其面具而悍然以強權相脅矣。然而強權之所及，不能使人民抑而為之下，反使人民憤疾之氣、抵抗之力驟高其度，如爆藥鬱積，猝受壓力訇然一發，所向崩坼，而大革命於是乎起。

　　嗚呼！中國人之憲黨於立者，宜觀於此矣。虜布鞏固君權之憲法大綱，而立憲黨人不以為非，此即其自絕於國民之證也。果其中有初心不昧而欲為國民有所盡力者，則當利用其所處之地位，於有形無形中激起革命之風潮。其為此初非甚難也，但使不由妾婦之道，斯已足矣。例如虜以立憲豫備為口實而發布束縛人民自由之法令，立憲黨人必當相率叩頭流血而力爭之。爭之而聽，則人民得少寬其束縛，其為事實之活働當較易。爭之而不聽，而此法令之為民害已騰於人口，使人民益自覺其束縛之苦而亟思所以自脫。凡此皆有助於革命之進步者也，惟如是，必不免失歡於虜。顧虜與平民利害相反，無容蝙蝠名士之餘地。設為虜所不容，有下堂而求去耳。且今日猶非下堂求去之時乎，夙聞立憲黨人之言曰，欲使憲法由國會而生，不使國會由憲法而生。是則鞏固君權之憲法固非其初意，然吾有一言以曉之曰，欲使憲法由國會而生，必不使國會由政府而生而後可。若國會由政府而生，而欲使憲法由國會而生，其可得乎？其可得乎？今者憲法由政府而生、國會由憲法而生已為定案，是則立憲黨人對於政府心灰望絕之時也。若謂政治上之希望已絕而私利上之希望未絕，故遲徊而不能決。是則於個人禍福尚未勘破，而欲

其勘破生死抑更難矣。宜其為虜所羈縻，久久而不脫。不然者，一念及人民之疾苦，未有不奮然投袂而起者也。

　　吾之論於是終。以上所言，鑒於人民之疾苦，以為吾黨之士勖。於立憲黨人之稍有人心者，猶不能無望焉。雖然，虜亦人類也，不可無一言以詔之。爾欲免革命之禍者，宜率其族人歸於長白山下。不然，而還中國之主權於中國之人，以歸化之民自處，當亦國人之所許也。

出處：

- 〈論革命之趨勢〉，《民報》（東京），1910年第25期，頁1–19。
- 〈論革命之趨勢〉（承前），《民報》（東京），1910年第26期，頁1–20。
- 三民公司編，《汪精衛全集》第二冊（上海：三民公司，1929年），頁1–39。
- 啟智書局編，《汪精衛文存》（上海：中山書局，1935年），頁8–39。
- 中山書局編，《汪精衛先生的文集》第三編（上海：中山書局，出版日期缺），頁1–35。

革命之決心

己酉年十二月二十二日（一九一○年二月一日）

　　吾黨之士，關於革命之決心，為文以論之者屢矣。顧吾以為既欲以此為吾人之決心，則其言不可以不近，而所守者不可以不約也。因約言於左：

　　革命之決心之所由起，其在於吾人惻隱之心乎。孟子有言，人皆有不忍人之心，今人乍見孺子將入於井皆有怵惕惻隱之心，非所以納交於孺子之父母也，非要譽於鄉黨朋友也，非惡其聲而然也。韓愈有言，蹈水火者之求免於人也，不惟其父兄子弟之慈愛然後呼而望之也，將有介於其側者，雖其所憎怨，苟不至乎欲其死者，則將大聲疾呼而望其仁之也。彼介於其側者，聞其聲而見其事，不惟其父兄子弟之慈愛然後往而全之也。雖有所憎怨，苟不至乎欲其死者，則將狂奔盡氣、濡手足、焦毛髮救之而不辭也。若是者何哉？其勢誠急而其情誠可悲也。嗚呼！人之所以為人者，在於此矣。惻隱之心，至純潔也，無所為而為之者也，此之謂仁。為惻隱之心所迫，雖狂奔盡氣、濡手足、焦毛髮救之而不辭，此之謂勇。仁與勇，盡人所同具也。至於乍見之而後動心、介於其側而後往而全之者，非謂耳目所不及，即可恝然置之也。以無所感，故無所動耳。是以能充其惻隱之心者，耳目所不及而思慮及之焉。思慮之所及，舉天下之疾苦顛連而無告者，一一繫諸其心，若耳聞而目覩。是則其怵惕惻隱之心無時而不存，而狂奔盡氣、濡手足、焦毛髮而救之之志亦無時而不存。皇皇而憂之，昧昧而思之，焦然無一息之安。其持危扶顛，蓋出於情之不容已，以不如是不足以釋其憂思也。然雖如是，其遂足以釋其憂思乎？天下之疾苦顛連而無告者，其數無窮，則吾躬之憂患亦與為無窮。君子敢於以渺然之身任天下之重，鞠躬盡瘁死而後已者，要皆為此惻隱之心所迫而使之然耳。

　　吾人之決心於革命，孰非由惻隱之心所發者。人必不忍其同類之死亡屈辱，而歷史之所紀、父老之所傳，亡國之慘在人耳目，此追既往而生惻隱者也。人心醉而末由醒之、濁而末由清之，目擊蚩蚩之民辛苦憔悴，為人踐踏乃無異於牛馬草芥，顧身受者不能自脫、坐視者莫知所救，此撫現在而生惻隱者也。由既往以至現在，其每況愈下已如此矣。由現在以推將來，其將如水之益深、火之益烈歟？抑窮則變，變則通，剝極而復歟？此思將來而生惻隱者也。德之不建、民之無援，使人陷於沈憂之中而不能自拔，由此鬱積以成革命之決心，是故其決心至單純也、至堅凝也。心之所向無堅不摧，有一日之閒暇則旁皇如無所歸，有頃刻之逸樂則踧踖而不安其居。所藉以袪憂煩而致寧靜者，惟勞身焦思以力行其所志而已。此無他，惻隱之心能使人宅於憂患，而於安樂去之若將浼者也。

　　孟子有言，富貴不能淫，貧賤不能移，威武不能屈。夫能此者無他道焉，充實其惻隱之心而已。苟其心懸懸於天下之疾苦顛連而無告者，則身處富貴，適使其踧踖不寧之心為之滋甚。至於貧賤則天下之所同也，天下之人既不自拔於貧賤，吾一人又何擇焉。若夫威武能屈天下之懦者而不能屈天下之仁者，蓋仁者必有勇，於情所不能忍者必不怓然也。欲行其心之所安，雖萬死而不辭。是故至激烈之手段，惟至和平之心事者能為之。至剛毅之節操，惟至寬裕之度量者能有之。由惻隱之心而生之勇氣能使威武為之屈，詎有屈於威武者乎。是故能保其惻隱之心者則貞固之節，入水火而不渝，必不於生死去就之際有所遲回以玷其生平也。

　　雖然，淫於富貴、移於貧賤、屈於威武者，惟小人之所為耳。卓犖之士克自振拔，常不為其所羈。吾今乃於富貴、貧賤、威武之外，更有一事焉，厥為名譽。無賢無愚，咸耽於是，雖以仲尼猶謂君子疾沒世而名不稱，三代以下惟恐不好名則幾等於口頭禪矣。夫名者，實之賓。名非有累於人也，然而於本原之地而有好名之念，其未得之也患得之，既得之也患失之。苟患失之，無所不至，以名之不己屬因而灰敗者有之矣，甚則因而變節者亦

有之矣。尤甚者以爭名之故，君子之相忮甚於小人之相殘，壞植敗羣於今為烈，名之為累有若是也。然求其本，亦由於未擴充其惻隱之心者而已。誠使惻隱之心而能擴充，則好名之念未有不為之剋滅者。余小子不敏，嘗服膺於王陽明之言，每讀其答聶文蔚書，未嘗不為之歎息也。夫聶子之言曰，與其盡信於天下，不若真信於一人。道固自在，學亦自在。天下信之不為多，一人信之不為少。其信道之篤，已可謂舉世非之力行而不惑者矣。而陽明之意，則以為有大不得已者存乎其間，而非以計人之信不信。蓋以生民之困苦荼毒，莫非疾痛之切於吾身。所以見善不啻若己出、見惡不啻若己入，視民之饑溺猶己之饑溺。而一夫不獲若己推而納諸溝中者，非故為是以蘄天下之信己也，務致其良知求自慊而已矣。夫如是，其所以天下非之力行而不惑者，初非有所執拗而為之。良由疾痛迫切，雖欲已之而自有所不容已，此所以為至誠也。使人能以此心為心，則求自慊之不暇，而好名之念無自而生矣。天下信之，喜其志之得行而己無與也。天下非之，終必蘄其志之得行於己亦無與也。悠悠之毀譽，寧有所輕重於毫末耶？

夫富貴貧賤，可以移人之情者也。威武雖不能移人之情而以力服人，能使人不得不從者也。至於名譽，其得之之樂有甚於富貴，失之之苦有甚於貧賤，而其具有能左右人心志之力，則又過於威武。前三者為常人所不能免，後者則雖高材之士亦或不能免。然使一旦能擴充其惻隱之心者，則此四者不撥而自去，而其心乃純一而不雜矣。夫純潔者必有勇，所謂無欲則剛也。惻隱之心迫於內，則仁以為己任，雖殺身而不辭，斯義理之勇而非血氣之勇也。義理之勇，其可見者有二。

一曰不畏死。人情莫不樂生而惡死，以生之有可戀也。若夫為惻隱之心所迫，則接於目充於耳者，皆顛連無告者之憂傷憔悴之色與其呻吟之聲。既不忍於旁觀，又不能拯之出於水火，吾何為生於此世乎？則彌覺生之可厭而未見其可戀也。夫以生為可厭，則其不畏死無難矣。然人情莫不戀其所親，吾人

於此豈獨無所感乎。顧天下人之愛其親，孰不吾若？吾不忍舍吾親，而父母不相見、兄弟妻子離散者，盈天下皆是也。吾其能一一使之不舍其親乎？吾於家庭之際，至難言也。然而天下之人，其遭際之難同於我或什百千萬於我者，則又何限？吾其能以自私乎？思此而愛親之心拼而合於愛同胞之心，而死志決矣。自以力之微，無以致其愛於同胞，又無以致其愛於親也，以一死絕其愛焉。而於其將死，固未忘同胞，又未忘其親也。於此知愛親之心與愛同胞之心實為一物，而無間於公私，即純然惻隱之心是也。

二曰不憚煩。志於革命者以死為究竟，斯固然矣。然一死未足以塞責，故未死者之責任不可以不盡也。常人樂生而惡死，哲人反之，則惡生而樂死。其所以惡生而樂死者，以憚煩故耳。世之昏濁甚矣，陽明有言，後世良知之學不明，天下之人用其私智以相比軋。人各有心，而偏瑣僻陋之見、狡偽陰邪之術，至於不可勝說。外假仁義之名而內以行其自私自利之實，詭辭以阿俗、矯行以干譽。掩人之善而襲以為己長，訐人之私而竊以為己直，忿以相勝而猶謂之徇義，險以相傾而猶謂之嫉惡，妒賢忌能而猶自以為公是非，恣情縱欲而猶自以為同好惡。相陵相賊，自其一家骨肉之親已不能無爾我勝負之意。彼此藩籬之形而況於天下之大、民物之眾，又何能一體而視之，則亦無怪紛紛藉藉而禍亂相尋於無窮矣！人情之險巇若此，孤潔之士憤世嫉俗，不能一朝居，往往絕人逃世，同其身於死灰槁木，其甚者或因以自殺。其次則險譎之士，操老子之術，以柔制剛、以靜制動，顛倒一世之人而巧於自全。又其次則為鄉愿，同流合污，閹然以媚於世。夫老氏之徒與鄉愿皆習知人之情偽，以巧立於不敗之地，其為自私自利無足論。至於絕人逃世者，迹則高矣，然推其用心，由於憚煩，是亦自私自利也。而自私自利之見所由生，在於未充其惻隱之心而已。使能充其惻隱之心者，則必不為一己計而為眾人計。目擊天下之紛紛藉藉、禍亂相尋、人所避之惟恐不及者，挺然以一身當其際而無所卻，即令所接者無所往而非傾險之人，所處者無所往而非陰鬱之境。而其至誠惻怛之意，初不由之而少間，憂患雖深不改其度，事變之來不失其守。陽明所謂，言語正

到快意時截然能忍默、意氣正到發揚時翕然能收斂、憤怒嗜欲正到騰沸時廓然能消化，非天下之大勇者不能。蓋觀於克伐怨欲不行，可以知其所守之固，此所以能應萬變而不窮也。

是故不畏死之勇，德之烈者也。不憚煩之勇，德之貞者也。二者之用，各有所宜。譬之炊米為飯，盛之以釜，爇之以薪。薪之始燃其光熊熊，轉瞬之間即成煨燼。然體質雖滅，而熱力漲發，成飯之要素也。釜之為用，水不能蝕、火不能鎔，水火交煎逼曾不少變其質。以至於成飯，其熬煎之苦至矣，斯亦成飯之要素也。嗚呼，革命黨人將以身為薪乎？抑以身為釜乎？亦各就其性之所近者，以各盡所能而已。革命之效果，譬則飯也。待革命以蘇其困之四萬萬人，譬則啼饑而待哺者也。革命黨人以身為薪或以身為釜，合而炊飯。俟飯之熟，請四萬萬人共饗之。

出處：

- 三民公司編，《汪精衛全集》第二冊（上海：三民公司，1929年），頁40–47。
- 啟智書局編，《汪精衛文存》（上海：中山書局，1935年），頁1–7。
- 中山書局編，《汪精衛先生的文集》第三編（上海：中山書局，出版日期缺），頁35–42。

庚戌年被逮第一次親筆供辭

庚戌年三月七日（一九一〇年四月十六日）

　　汪季恂，別號精衛，前在東京留學時曾為民報主筆，生平宗旨皆發之於民報，可不多言。丁未年，孫逸仙在欽州鎮南關起事時，曾與其謀。兵敗後，攜炸藥軍器等出潛。以此等物件納入書麓內，寄存友人處。後復歸[28]南洋各埠演說，聯絡同志。繼思於京師根本之地，為震奮天下人心之舉，故來。又自以平日在東京交游素廣，京師如憲政編查館各處熟人頗多，不易避面，故聞黃君[29]有映相館之設，即以三百元入股。至京，居其家。黃君等皆不知精衛之目的所在，故相處月餘。後見精衛行止可異，頗有疑心。故映相館中有人辭去。至於今日，忽聞价言映相館中有事，故即往閱。知事發，不忍連累無辜，故復回寓，擬留書黃君自白。未至寓，遂被收捕。

出處：

- 何孟恆註：原稿由昔年清吏部官員潘毓桂於1943年交還汪精衛家人。

- 張江裁編，《汪精衛先生庚戌蒙難實錄》（東莞：東莞張氏拜袁堂，1943年），頁19。

- 馮自由，《中華民國開國前革命史》（重慶：中國文化服務社，1946年），頁154。

---

28 原稿模糊，《汪精衛先生庚戌蒙難實錄》記作「在」字、《中華民國開國前革命史》則為「往」字，今比對手稿與《汪精衛生平與理念》所載的「自傳草稿」字跡後，訂為「歸」字。

29 黃復生

原稿現藏胡佛研究所圖書檔案館

庚戌年被逮第二次親筆供辭

庚戌年三月（一九一〇年四月）

　　自被逮以來，詰者或曰，今中國已立憲矣，何猶思革命而不已？嗚呼！為此言者，以為中國已有長治久安之本，而不知其危在旦夕也。自吾黨人觀之，則數年以來，其益吾民之悲痛，而不可一日安者，固未少減於曩昔，且日以加甚者也。今之持立憲之說者，以為立憲則必平滿漢之界，而民族主義之目的可以達。立憲則必予民以權，而民主主義之目的可以達。如是，則雖君主立憲，奚不也以即於治？以吾黨人論之，姑勿論所謂平滿漢之界，與所謂予民以權者，為果有其實否？即以君主立憲之制而言，其不能達濟國之目的，可決言也。談法理者，每謂君主僅國家之最高機關，有憲法以範圍之，則君主無責任，而不可侵犯。故君主立憲，未嘗不可以治國，此於法理則然矣。以事實按之，而有以知其不然也。大抵各國之立憲，無論其為君主立憲、為民主立憲，皆必經一度革命而後得之。所以然者，以專制之權力，積之既久，為國家權力發動之根本，非摧去此強權，無由收除舊布新之效故也。

　　法國當路易十六即位之初，蓋已幾樹立憲君主政體矣，而後卒不免於大革命，其故實由於此。此非惟民主國之法國為然，以君主國言，若英，以謂憲法之母者也。若德、若日本，所謂君主立憲政體之強國者也。今之言立憲者，多祖述之，其亦嘗一按此三國之歷史乎？英國無成文憲法，其所謂權利請願，與所謂大憲章者，實由幾度革命所造成。其憲法發達之歷史，蓋遞遷迭變以至於今日者。法學者謂英國之國體，雖曰君主制，而以其政治而論，實為民主政治，非虛語也。德國之憲政，由日耳曼諸邦自治制度，夙已發達，足以為其根本。故君主立憲之制，可行之而無礙。至於日本，則所謂最重君權之國

也。其憲法上君主之大權，遠非德國可比，微論英國。今中國之言憲政者，或謂宜以日本為法，或謂其君主大權過重，戾於法理，為不足學。吾以為前說固無足論，即後說亦徒為法理之空談，非事實之論也。夫謂日本憲法，君主大權最重者，於法理上則然耳。至於事實，則大權固不在君主也。維新以前，幕府專制，天皇僅擁虛位。是故倒幕之役，實為日本政治上之大革命。西鄉隆盛以兵東指，德川幕府以兵迎降，政治上之大權，已移於維新黨之手。於是德川歸政，天皇總攬大權。要其實，則天皇高拱，國事皆取決於倒幕黨之手。是故日本之憲法，以法文而言，則大權總攬於君主。而以歷史而言，則其國家權力發動之根本，固已一易而非其故矣。

今以此三國立憲之成跡，衡之中國，乃無一相類。既非如英國憲法之以漸發達，又非如德國有自治制度以為根本，而又非如日本之曾經廢藩倒幕之大革命。其專制政體，行之已數千年。自二百六十餘年以來，且日益加厲。所謂國家權力發動之根本，在於君位，而政府及各省行政官，特為奴僕，供奔走而已。一旦慕立憲之名，而制定憲法大綱，其開宗明義，以為憲法所以鞏固君權。夫各國之立憲，其精神在於限制君權。而此所言立憲，其宗旨在於鞏固君權。然則吾儕謂如此立憲，適為君主權力之保障、為政府之護符，其言有少過乎？嗚呼！如此之立憲，即單以解決政治問題，猶且不可，況欲兼以解決民族問題乎？夫民族主義，與民權主義，有密接之關係。民族主義，謂不欲以一民族受制於他民族之強權；民權主義，謂不欲以大多數之人民受制於政府之強權。然所謂強權者，即政治上之權力。今號稱立憲，而其目的在於鞏固君主之大權，是其強權，較昔加厲。其終為民族、民權兩主義之敵，不亦宜乎？

論者又曰，此惟國會未開時為然耳。國會已開，則民權日以發達，故為政治革命計，當以速開國會為惟一之手段。為此言者，可謂惑之甚也。夫立憲所以鞏固君主之大權，上文已言之矣。而國會者，即為此大權所孕育而生，如嬰兒之仰乳哺，得之則生、不得則死。如是，國會，而欲其能與政府爭權

限、以為人民之代表，庸有望乎？吾敢斷言，國家權力發動之根本，未有所變易，而貿貿然開國會，以生息於君主大權之下者，其結果不出三種。

一曰，國會為君主之傀儡。前此之土耳其是也。土耳其嘗立憲矣，其憲法悉模倣歐洲君主立憲國條文。頒布之後，以親佞之臣，組織內閣、以各省總督為上議院議員、以阿附朝廷之小人為下議院議員，粉飾苟且，殆如一場戲劇。未幾新內閣頹然而倒，而國會亦閉歇不復開。至昨歲而有少年土耳其黨之大革命。

一曰，國會為君主之魚肉。今之俄羅斯是也。俄自與日本戰敗後，迫於民變，不得不立憲。其憲法條文之完善，較之憲法大綱，相倍蓰也。其政黨之強立，較之今日請開國會者之兒戲，相霄壤也。其憲法由民黨數十年血戰所購得，較之今日所謂立憲，又不可同日而語也。然而國家權力發動之根本，無所變易，國會終不能與政府之威權相敵。故自有國會後，以持正議之故，屢被解散。議員之逮捕者，纍纍不絕。膿血充塞之歷史如故，革命之風潮亦急激如故。

三曰，國會為君主之鷹犬。今之安南議會是也。安南隸屬於法，法欲苛斂其民，而慮以是激民怒。乃開議會，以安南人之有資望者，為豪傑員、為會同員。每欲加稅，輒開議會，使議決，號於眾日，此議會所議決也。故安南之有議會，實為法國官吏之鷹犬，協力以搏噬其人民者也。

由是觀之，即如請願國會者之所期，其結果不出此三者。請願諸人，其果有樂於是乎？醉虛名而忘實禍，其罪實通於天也。

立憲之不可望如此，以故革命諸人，以為欲達民主之目的，舍與政府死戰之外，實無他法，此實革命黨所久已決議者也。若夫避戰爭之一禍，而求

相安之法，則前此革命黨人……[30]憲政體，則民族主義與民權主義之目的，皆可以達，而戰爭之禍，亦可以免，誠哉言也。或有慮此為不利於滿人者，不知果不言立憲則已，如其立憲，則無論為君主國體、為民主國體，皆不能不以國民平等為原則。謂民主國體為不利於滿人者，非篤論也。或有慮此為不利於君主者，然以較諸鼎革之際，其利害相去當如何？歷史所明示，不待詳言也。所謂願汝生生世世勿在帝王家，及所謂汝奈何生我家者，其言抑何慘也。設不亡於漢人，而亡於鄰國，則法之待安南，與日本之待朝鮮，視去其國王如一敝屣，而其國王，乃日仰鼻息以求活也。以較之日本德川幕府奉還大政，身名俱泰者，其相去何如乎？

上之所言，於國內現象，略陳之矣。至於國外之現象，其足使中國一亡而不可復存、一弱而不可復強者，尤令人驚心怵目，而不能一刻以安。國人於庚子以來，頗知敵國外患之足懼，至於今日，反熟視若無所駭，此真可為痛哭者也。夫中國自甲午戰敗以來，所以未致於瓜分者，非中國有可以自全之道，特各國平均勢力之結果而已。庚子之役，俄國乘勢進兵於東三省，久駐弗撤，實啟瓜分之局。日本以均勢之故，遂與之戰，戰役既終，而各國之形勢，為之一變。前此日英同盟，與俄德法同盟相對抗。迨日俄戰後，而有日俄協約、有日法協約、有英俄協約。所謂協約，質而言之，實協以謀中國而已。前此欲謀中國，而各國自顧其利害，勢有不均，遂相衝突，而出於戰。今則鑒於戰禍，而以協約為均勢之不二法門。一旦各國勢力平均，則保全瓜分，惟其所欲。顧所以苟延至今者，以英法慮德為之梗，而日本又慮美國之議其後也。比年以來，日美之衝突，日以彌甚，數月前且有日美開戰之說。而日英美同盟之議，囂然大起，日本新聞從而論之日，日英美同盟成立，則可以制支那老大帝國之死命，其謀我之亟有若是也。夫美富而日強，兩國雖各懷敵意，終不敢遽如日俄之肇釁，則其彼此利害衝突之點，終必以協商定之。誠使英、德、法、俄、美、日對於中國之均勢政策略定，則自甲午以來中國所賴以苟安偷活者，

---

30 何孟恆註：原文有所缺漏，據前清刑部檔案封皮批註，謂係審案時報轉傳送所散佚。

至是已失其具。保全在人，分割在人，有為波蘭之續而已。分割之慘，夫人而知之矣，抑亦知所謂保全者，其實禍無異於分割。

國不能自立，而賴保全於人，已失其所以為國。人為刀俎，我為魚肉，此所謂一亡而不可復存、一弱而不可復強者也。識者有憂於此，乃渴望清美同盟。夫同盟之目的，在於互相扶助也，故有兩強國同盟者，而決無以強國與弱國同盟者。以強國而與弱國同盟，是必強者以同盟為餌，而釣此弱者也。前此之清俄同盟，是其例矣。夫國不自強，萬無可以與他強國同盟之理。而非於國家權力發動根本上，有大變革，又無可以自強之理。愛國者可由此以知其故矣。今之談國事者，不以此為憂，而顧以邇來中國與外國交際，其體面較優於前，遂怡然用以自慰。夫曩者中國所以不見禮於外國者，以其有賤外排外之思想。然雖如是，而俄人固嘗以深情厚貌相結，而因以攫大利矣。今日國人之思想，已由賤外排外，一轉而為媚外，而各國之智孰不如俄？知中國之所重者，不在主權、不在土地人民，而惟在體面。遂亦競以深情厚貌相結，以期外交上之圓滑。而中國之人，遂以沾沾自喜。間有一二小小權利，得僥倖爭回，則尤大喜欲狂。而於外國之協以謀我，瞠乎若無所見。此直燕雀巢於屋梁，而不知大廈之將傾也。此無他，由人人心目中以為今已豫備立憲，凡內治外交諸問題，皆可藉以解決。醉其名而不務其實，如相飲以狂藥，猥曰期以八年，迨超八年之後，中國之情狀，其有不忍言者矣。

由此言之，則中國之情勢，非於根本上為解決，必無振起之望。及今圖之，其猶未晚，斯則後死者之責也。

出處：

- 何孟恆註：原稿由昔年清吏部官員潘毓桂於1943年交還汪精衛家人。
- 張江裁編，《汪精衛先生庚戌蒙難實錄》（東莞：東莞張氏拜袁堂，1943年），頁19–21。
- 馮自由，《中華民國開國前革命史》（重慶：中國文化服務社，1946年），頁154–167。

1.

囯被逮以来、詰者或曰、今中國之立憲矣、何猶思革
命而不已、鳴呼、為此言者、以為中國之有長治久安之本、實
知其危在旦夕也、自吾堂人觀之、則數年以来、共亙之民
之必痛而甚者、一旦要者囯未必卿打農者且以加甚者也
今之持立憲之说者、以為立憲之說以慰平滿漢之界、而民
強之我之目的而以達立憲即恕專民以權、而民之主我之
目的可以達如若別辨君之立憲、囯若即於治以吾堂人
論、姑為論所謂平滿漢之罪與所謂予民以權者如果
有其實在、即以囯君主憲之新而言、共不能達
濟國之目的、而决言也、讀诸理者、每謂君主偉國家
之最高機関有憲法以範囯之以君之之無責任、究
可侵犯、故君主立憲、未尝不可以囯治囯、此於法理則然

2.

矣。以事實擿之，而吾以知其不然也。夫揆乎國之立憲，

無論其為君主立憲，為民主立憲，皆必經一度革命而後

得之。所以然者，以專制之權力積之既久，非國家權力發

動之根本排去，此種結構不能改，普魯收回治權，新之致，故

而後幸不免於共和。英、法、美之此種結構，民主國之

法國當時路易十六，即經一初歷之樹立憲政體矣，

法國之立以君主國言，若英，所謂憲法之毋者也，德者

日本所謂君主立憲政體之強國者也。今之言立憲者，

多祖述之。共六、世一揆此三國之歷史。夫英國無成文憲，

法，其所謂權利請願，與所謂大憲章者，實由民度革，

命所造成。共憲法發達之歷史，益進遷迷矣，以至於

今日者，法學者謂英國之國體，以而以共政治

3.

而論實為民主政治，況法蘭西之德國之寬政，當日再受諸邦國法制度風之發達，是以為其根本故民主主義之

制而行之實無礙，故亦率此沿謂最喜君權之國於共寬

法上君主之大權遠州德國王比，微論英國，今中國之言

為最惡學，為此的前說，固無足論英國，令中國一言

寫好者我謂宜以日本為法，我謂共君言去權遠惡，反言打法理

空讀水年實之論水去為實，即像諸點徒的

理上到到平至打事實，到去權固而在君主也，繼新前

幕府專利，天皇偉撼虛位，學好倒幕之役實為日本政

政治上之去權已移打維新堂之役，打是德川歸政，天皇

德川幕府以兵迎降

縱攬大權要去實川天皇為持國事豈取德川倒幕堂

緣於是故日本之寬法矢修言州土權倖揆打君主，

4.

而以歷史所言某國家權力發動之根本、國之一易而非
共好矣、今以此之國立憲之成績、衡之中國、乃無一相
類、院非如英國憲法之以漸程達、又非如德國有所以
廣以為根本、而又非如日本之曾慣廣薄倒幕之大革
命、其專制政體、行之已數千年、自二百年前以
來且日益加厲、而謂國家權力為之根本、在於君位而
政府及會者行政官、特□□□□此為奴僕傳奉之而
已、一旦某憲之□之多而定憲法出個共和宗明義以
為寬法而以肇因居權共和國之立憲共精神在於限
物君權而此而言立憲者在於肇國居權、然則吾
僑謂□□以此立憲遠而君主□權為政府之護府矣

5.

言者少遇乎、嗚呼、此之立憲、即單以解決好治問題提出

不乃況欲單以解決民族問題去民族之義與民權之義

省審權之關係、民族主義兩題乎謂

之強權民權立義所謂不欲以大多數之人民愛籍扣他民族

之強權與所謂修權者即以治上之權為立之義扣他民族

其目的在扣肇固君言之太權豈其諸之強權較昔加屬共

修為民族民權兩主義之敵、不必宜乎

論者曰、Q此時國會未用時所此舉固君言之太權以民權只

者●乃謂憝一甚也、夫主憲而以舉固君言之太

政運為政治革命計當以速開國會為惟一之手段約此

官之言之其、而國會者即為此大權所言而生、如嬰兒之

上乃之言之其、而國會者即為此大權所言而生、如嬰兒之

仰乳哺得之則生、不得則死、此是、國會雖然其純與好府

6.

爭持限以為民之代表、庸有必者、蓋斷言國家權力

發動之根本未嘗而實易、而資之於國會、以坐視其龐大

操之下者其結果不出之種、

一曰國會而君主之儡偏、前此之土耳其者也、土耳其嘗立

憲共共憲法造模倣政州立憲國條文、頒布之後以親倭

陰謀倒內閣、以憲者倚恃如此議院議員、以防附翔建之小人、

乃下議員議員、粉飾為具始物一場戲劇、未我新內閣甦、

並無倒而國會之閉斷而復開、至此我而者少年土耳其黨

之去年命、

一曰、國會而君主之魚肉、今之俄羅斯是也、俄自豐日本戰

敗後迫於民變不得不主憲共憲法偉文之完善轣之憲法大

綱相倚蘇也共政堂之强主校之今日濟南國會者之兒戰相

霄壞外共憲法由民黨黨數十年

　　　　　　　　　　　少講論澤　校之

7.

所謂立憲、必不可同日而語也、然而國家權力發動之根本、無所更易、國會終不能與政府之威權相敵、故自有國會後、以持正議之故、屢被解散、議員之逮捕者、纍纍不絕、膿血充塞之歷史於此、革命之風潮亦急激於此、

三曰國會為君主之鷹犬、今之安南議會是也、安南隸屬於法、法欲箝錮其民、而慮以是激民怨、乃開議會、以安南人之有資望者、為豪傑員、為會同員、而欲加稅、輒開議會、使議決、歸於衆曰、此議會所議決也、故安南之有議會、實為法國官吏之鷹犬、協力以搏噬其人民者也、

由是觀之、即如請願國會者之所期、其結果不出此三者、請願諸人、其果有樂於是乎、醉虛名而忘實禍、其罪實通於天下、

8.

立憲～不可必此以故革命諸人以為欲達☐民主之目
的、宴興的辦我戰之好實無他法以此實革命黨●決議
者代、☐☐若夫過戰禍而求相安之法以前此革命黨人

知果不言、主憲、如此主憲則色、☐無論為君主國體為民主
國體皆不能以國民平等為原則謂民主國體者利於
屬人者非、篤論也、或言憲此以君主者然以較諸
鄉革之隙其利害相去當如何、歷史所明示不

待詳言也、所謂願為生世勿在帝之家、此所謂汝曹偶
生我家者其言抑何慘也、設不亡於漢人而亡於隣國、
則使之待安南興日本之待朝鮮、終為共國土抑一澌滅、

宴好勢到民族之我興民權之我之目的、皆以達而戰
爭之禍六不以冤誠戰言此或省窓此為利於屬人者不

寧賣利戰相去當如行、

此革命黨人

而其國王乃日即其身息以蓄活也以較之日本德川

幕府畢還大政身名俱泰者其相去何如乎

上之而言括國內現象畧陳以來而括國外之現象失之

括中國一二宗自以後在一朝宗名以後諸爲尤令人驚心

忧目云云一刻以與國人打磨宇以來豈知日韵國外患之

呈惊而括令反輕視之無所驚此其方以痛哭者也夫中

國自甲午戰敗以來所以未放括合分奇紙中國者以為全之

迄特令圖平均勢力之結果空展子之役俄國乘據此極東

三者之勢思撒實啟瓜分之局日本以均勢之故遂興之戰

段坡涂而合國之形勢爲之一變前此日英同盟與俄德

法同盟相對抗迄日俄戰後而有以俄協約有日法協約

皆美俄協約所謂協約之密而言之實協以謀中國之密前

此於謀中國而合國月儕共利宜勢有方均遙相衝突前出引

10.

11.

六

夫巳失其所以為國、人為刀俎我為魚肉、此所謂一之而不可復

在一邦而君亦受其中識韓者受打此乃謂此滿美同盟夫

同盟之目的在於互相扶助十日故有兩強國同盟、者必強者而

無以強國興弱國同盟、者必強者以

同盟為餌、

俄同盟為其例、夫國不自強、莫不以興他諸國同盟

之理、而非朴國家橋乃發動根本上、有大言牢又無方以

此為憂而願以自強、夫農者中國而以不見禮打朴國者以

逢怡然固以自慰、夫農者中國而以不見禮打朴國者以

此為憂而願以迎來中國興外國交際苦朴較優打前

自強之理、愛國者可申此以知其妒夫、今之諸國事不以

俄同盟為其例、

苦有殘朴挑外之思想、然雖和等帝佛人固雲以深情厚

歉相統、而因以擽大利其、今以國人之思想、巳由晓外挑

外一轉而為媚外而喪國之智，孰知如此，知中國之所重者，

不在主權，亦不在土地人民，要特在體面，遂以競以深情厚貌

相結以期外交之圖濟，而中國之人逐以沾沾自喜，圖有一二

小小權利之優偉●爭國以大為喜，狡焉，而其外國之［印章］

務以謀我惟本若無所見，此其與薄相●業打反要而不知大

厚之將偵小此無他，由人人心以為今已操備主意，風內法

外交誘商題誘以籍以鄰快，踐紛為之不稅其實，此相飲以私

藥，恨四期以八年，近之八年度，中國之情狀其●不思言

者矣、

由此言之，則中國之情勢●非特根本上的解決●而無

振起之望，及今圖之猶有●●斯以後孔者之壽也、

二：民國成立到孫中山逝世 （一九一二至一九二五年）

致南洋同志書

一九一二年

（原文此處空白）敬啓者：

南洋勾留，獲再相見，歡慰奚似西行匆匆，不獲久叙為悵。弟自民國統一以來，所深思極慮者，以今日中國專制雖去，而大多數人民之思想猶未進步。為吾同胞前途計，必變其思想，始可謂為根本之解決。且破壞之用，在蕩滌瑕穢；而蕩滌之後，不可無以莊嚴而璀璨之。乘此舊污初去、新習未成之時，致力於人民思想之改進，庶吾同胞之幸福始可期也。弟懷此志，而自以頻年奔走拘囚，學殖久荒。故決遊歐洲，一面自力于學，一面稍稍致力于人民心理之感化。佛典有言，未能自度而先度人，其是之謂歟？然弟雖失學，而我國學者之在歐洲者大不乏人，如李君煜瀛、蔡君元培，皆湛潛學問，所得至深。前者與吳君稚暉、張君人傑、褚君民誼為革命及學問盡力，種種設施，收效至鉅。李君舊歲歸國，民國統一所事既畢，復赴巴黎；蔡君亦辭教育總長，以赴德國。淺見者方以為國內多事，何復遠行？不知其懷灌輸新文明於中國之志，以致力於人民思想之改良。自任所負之重，無與倫也。諸君前在巴黎所設施者，已有其基礎，今將就此基礎而擴充之。其一在發行《民德》雜誌，專以傳布人道主義及科學知識為宗旨。諸君皆擔任文字，而關於科學之研究，更請歐美學者就其專攻之學科擔任著作，而為之譯述，合中外學者以講學、會文，前此雜誌界所未嘗有也。至於社說，則專對於中國之時事、人心以立言。由諸君自任，並屬弟以編輯之事。弟亦忘其固陋，黽勉以從諸君之後，現出版已有期

矣。其二則在續刊《世界畫報》，其詳在略說中，故不複敍。《民德》雜誌已組織就緒，至於《世界畫報》則非有厚資不能集事。（原文此處空白）熱心改革，為同胞盡力，甚至意於此事，必有同情。弟以（原文此處空白），頻年以來，軍事、黨事多所瘁力，宜及時休息，未忍過勞。然今日新舊過渡時代，人民思想之進退關係至巨，而一時人情向於政治者多，留意於人民心理之感化者至少，此則仍不能不有所望於（原文此處空白）者也。如以此為不可緩而樂其有成，祈鼎力提倡助款，則報社幸甚、吾同胞之前途幸甚。茲附呈《世界畫報》第一、二期及續刊《世界畫報》略說，祈（原文此處空白）鑒察為幸。餘俟續陳，專此敬請（原文此處空白）大安。

弟之住址如下：

Monsieur Wang Ching Wai
31 Rue Gambetta
Montargis
Loiret, France

相見歡甚美他日西行每亦不難久叙為悵乎

自民國統一以來而涼思極懇者以今中

國專彩雜去而大多數之人民思想猶未

進步為吾同胞前途計必定失思想始之

謂為根本之解決且破壞之用在萬深假之

織而葛隆之後不可無以莊嚴而確深之

事此舊污初去新習未感之時故力托人

民思想之改進庶吾同胞之幸福始之期

也所懷此志而自以頹年屏之构因學理

久矣枚洪進歐洲一面自力于學一面精

之故力于人民心理之感化併與有言未終

自度初先度人共号之謂歐益尔雜失學

而我國學者之在歐洲者大不令人如李

君煜瀛蔡君元培皆湛潛学問所得之

深莭者與吳君稚暉張君人傑諸君氏

諠先革命改學問盡力擁之終涯收效

玉諟李君舊歲歸國民國統一而事汔畢

致懋有南洋郇留羅辰

復趾已黎拳拳志辭敎育徙長以赴涼國

淺見者方以為國內之事仍遠行不

知陰濟輸新文明於中國之大以故力托人

民思想之改良自任而負言事無倫や諸

君苟在己黎而設施务之有其基礎乏將

就此基礎而擴充之共一在發行民德報

流专喜而傳布人道之義及科學之新

宗旨諸君皆擁住文字而閱科科學之

究至諸歐美學者就失事改之学理

任著作所為之譯述合中外學者以講學

僧文若此雜詬思所未嘗有必玉析社设

同專對於中國之時事人心以立言申諸

君自任並屬为以閫輯之事事之呆共

國涸迴起以後諸君之後現出版之有

期美共之列在演刊世界畫択芳详在

暑諺中杖不煇叙民濾雜流之個微就緒

之扑世界畫報凡非有厚資不能集事

熱心改革為同胞盡力甚至意於此事

　　親愛同情第以

　　數年以來年事業事多所瘁力匱
及時休負未忍過勞此官新舊過渡時
代人民思想之進退關係至巨示一時人情
向利政治者多滿意於人民心理之感化名

甚少此則仍不終不有餘望耳

　　意中以此為多之處而樂其有成效
駸駸提倡助顯明報社事甚愛同胞之苦
進事甚前附呈世界畫報第二期及續
刊世界畫報業既行
懇舉充葦於侯濟陰事此敬情

　　安

　　弟○佐○頓下

Monsieur Wang Ching Wai.
31 Rue Gambetta.
Montargis.
Loiret. France.

巴黎和議後之世界與中國 · 緒論

一九二〇年一月一日

　　為今日之人類，以立於今日之世界，有一必不可忘之觀念焉。此觀念為何？人類共存是已。所謂人類共存者，謂人類當計己之生存、同時復當計及人之生存也。於是則有盡其在我者，獨立自由是已；有喜與人同者，分功合作是已。合此二者，而人類共存之意義，乃得以無缺。蓋自地位而論，則為人我平等；自關係而論，則為人我相維。必如是，然後人類之生活，乃得去苦而就樂，近福而遠禍。夫共存之觀念，果當惟以人類為限乎？否乎？抑當以人類為本位，擴而充之，以及於一切生物，乃至一切無生物乎？否乎？此誠未易斷言。然在今日，既為人類，則當共存，無可疑者。

　　惟人類之眼光，由近而遠，其心量由狹而廣，故共存之觀念，其發達也，以漸而不以頓。證之蒙昧時代，人類但知謀一己之生存；漸進而至於家族時代，則有家族共存之觀念矣；又漸進而至於部落時代，則有部落共存之觀念矣；又漸進而至於國家時代，則有國民共存之觀念矣；然則再進而至於世界時代，則人類共存之觀念，必因以發生。觀於往事，而可以知其必然也。

　　難之者曰：「世間一切生物，莫不受生存競爭之原則所支配，何獨於人而不然？爭存云爾，何有於共存者？」夫生存競爭，在生物學上，為自然之一原則、進化之一要素，學者類能言之。今就於自然之一原則之點，留以俟論於後方。先取進化之一要素之點，分析而論之如下：

夫謂競爭為進化之一要素者，其理由蓋謂競爭之結果。惟優者得以生存，而劣者歸於淘汰。如是不已，乃能有長足之進步也。曾不知競爭之為物，有其相長之作用，亦有其相消之作用。請任舉一例，以為之證：甲、乙二人同治木工。甲操作勤而藝術良；乙則反之，惰而不良。甲、乙競爭之結果，乙必劣敗，可無疑也。乙不甘於劣，奮起而自至於勤與良；甲慮其迫己也，亦益以致力。如是，甲、乙相需，以為不息之進步。此競爭之有相長之作用者也，吾人可名之為正當之競爭。設使乙者於劣敗之後，不知自奮，而惟嫉妒甲之所為，設陰謀以傾之、或挾強力以制之，必使之困躓而後已；甲之對乙，亦惟慮其復起，必務所以置之死地者，以卒至於兩敗而俱傷。此競爭之有相消之作用者也，吾人可名之為不正當之競爭。此例雖小，可以喻大。一切國家社會間之相互關係，乃至於所謂學問戰、經濟戰，皆可作如是觀。

世人疾首痛心於競爭之名詞，並正當之競爭而忽之，誠哉不免於過。然崇拜競爭之名詞者，則並不正當之競爭而亦視為當然。於是倡極端的人類相斫之主義，以戰爭為進化之必要（德國學者尤甚），導一世以入於嗜殺人之慘境，良可嘆也。不正當之競爭，如決鬬然。甲、乙不能相容，非死此則彼不得生；正當之競爭，如競走然。甲、乙各盡其力，以向前進，不必有一蹶者，而後快於志。人類共存時代，不正當之競爭，自當以次歸於消滅；至於正當之競爭，則可以促人類之進步者，一切精神上之淬厲、與物質上之開發皆可行之。此不惟無害於人類共存，且將以利之者也。

競爭為進化之一要素，如上所論。然為進化之要素者，不止競爭，尤有互助在。從前學者，多視互助為競爭之一手段，所謂「為生存而競爭、為競爭而互助」是已。至於近日，則互助與競爭為對立之原因，經眾多之徵驗，已至為明白。蓋一切之動物，其根本的欲望，大率有二：一為營養的欲望、二為蕃殖的欲望。前者導動物以趨於鬥爭殺戮之途，後者導動物於相接近、相扶助之途，殆皆有自然為之驅率者。故自競爭與互助之關係而觀，則見往往對外競爭之用力愈烈者，其對內互助之用力，亦因之愈固；對外競爭之範圍越擴者，

其對內互助之範圍，亦因之愈恢。誠使人不免有互助為競爭之一手段之感。然二者之起原，則固對立的，而非附屬的也。既知互助亦為進化之一要素，則何所據而謂人類祇能爭存、不與共存也耶？

不寧惟是，於生物進化上，互相扶助之效力，實較互相爭奪，更為弘大。徵之動物，不能互助之種族，雖爭鬥之力至為勇烈，亦無救於衰亡；其能互相扶助者，其種族必日臻於蕃衍。一切動物有然，而人類為尤然。此其理由，亦有不難知者。

如上所述，蕃殖的欲望能導動物於互助。夫欲求蕃殖，舍互助外，無他術也。營養的欲望，能導動物於爭奪，而爭奪未必能滿營養的欲望。且營養的欲望，亦不必恃爭奪。蓋人之欲得營養，誰不如我？我能爭奪，人亦能之。今日我為刀俎，而以人為魚肉；他日人亦將為刀俎，而以我為魚肉。孟子有言「殺人之父，人亦殺其父；殺人之兄，人亦殺其兄。然則，非自殺之也？一間耳！」然則，非自為刀俎而自為魚肉也？一間耳。拿破崙第一時代，法為刀俎、普為魚肉；威廉一世時代，普為刀俎、法為魚肉；今則又法為刀俎、而普為魚肉矣。今日以後，曾謂刀俎有定位、魚肉有定形乎？此爭奪未必能滿營養的欲望之說也。知爭奪之術，不可以逞，於是不得不別求所以滿其營養的欲望者。

夫爭奪之源在於不均，則必思所以均之，由是而有分配之術。均矣而寡，則不能滿其欲望；等於不均，則又必思所以增益之。由是，而有生產之術。近日人地學者之所殫精研思，即在對於人生需要為正當之供給。然則，營養的欲望，惟有意識的組織，始能滿之，非爭奪所能有效也，此營養不必恃爭奪之說也。由是言之，互助之效能，爭奪不能代之；而爭奪之效能，互助且能代之。其於生物進化上，互助之為用廣而為效著，為何如乎？然則，又何所據而謂人類終於爭存，而不能致於共存也耶？

　　夫競爭與互助，同為自然之一法則，此二者常雜然並行於一切生物現象之中。然人類所以能為萬物之靈者，以其有意識也。有意識，則知取舍、知去就、知利用自然，而不為自然所束縛馳驟。人類之文明史，直人類利用自然與抵抗自然之歷史而已。是故同一自然之法則也，人類則知重互助而輕競爭；同一競爭也，人類則知取正當之競爭、而舍不正當之競爭。惟是之故，人類乃能首出於一切生物之上、乃能使進化之程日以加速而不至有障礙之慮與退卻之虞。今之論者，乃執粗淺之生物學理，以概人類之進化。見一切生物，皆擾擾然於無意識的競爭之中，遂以謂人種亦必當沈溺於此而不可自拔，不如是則有戾於生物學理。此其巨謬極戾，洵為可驚。陸謨克[31]、達爾文有知，必為所訶矣。

　　如上所述，人類共存之觀念，於學理上，可以成立。難之者又將曰：「為此說者，即使於學理無背，而於事實固迂闊而不可行。今日之世界，詎為人類共存之世界乎？為此空想，果何為者？」應之曰，此次之世界大戰，人類爭存之結果也。人窮則反本，惟爭存之伊于胡底。而人類共存主義，始代之而興。於是由世界大戰，以發生巴黎和議；由巴黎和議，以發生萬國聯盟。萬國聯盟者，雖非可為人類共存主義之模型，固不失為人類共存主義之萌芽也。吾輩之在今日，對於此萌芽，將熟視而無覩歟？袖手而不為之所歟？抑將以助其發榮而滋長歟？

　　難者又將曰：「此於我何與者？今日之中國，國家存亡，猶未可知，何有於世界？國民存亡，猶未可知，何有於人類？孟子有言『人病舍其田，而芸人之田』；左傳有言『蓼不恤其緯，而憂宗周之隕』，是亦不可以已乎？」嗚呼！是言也，吾聞而悲之。中國之土地，非世界土地之一部分乎？中國之人類，非世界人類之一部分乎？既為一部分之人類，以立於一部分土地之上，而曰「世界於我何與？人類於我何與？」此之謂自暴自棄。我既自暴自棄，人即

---

31 又譯作拉馬克 Jean-Baptiste Pierre Antoine de Monet, chevalier de Lamarck

從而暴之棄之。於是中國之人類，遂為世界之傖民。猶欲以有覥面目，俛仰於天地之間，吾不知其何為也。為是言者，自命愛國，吾不知彼將導中國於盲人瞎馬夜半深池之境乎？抑將措中國於烈火積薪之上乎？如其不然，則必將導中國於光明之路、置中國於安甯之域也。而所謂光明與安甯者，舍人類共存主義，吾苦於不知其將由何道以得之。

夫今之有戾於人類共存主義者亦多矣，綜其大要，不外二種。一為不知自存者：此種人既愚且弱，日惟汲汲然有滅亡之懼；二為不許他人存在者：此種人既明且強，將永永發達自己之生存。而以他人之生存，為之犧牲。前者為中國今日之地位，後者為中國今日之遭遇。凡此地位，與其遭遇，皆足激發中國，使努力以向於人類共存主義之途，請得而言之。

一曰、努力於人類共存主義。 所謂共存，有必要之條件焉，平等是已。不能為平等之生活，則不能為共同之生活。瞽者不能與離婁同視，跛者不能與飛廉同走，此事之無可如何者也。處此之法，不外二端：其一刪不平等者而去之、其二誘致之於平等。前者如去蔓草然，務拔其本根、勿使生長；後者如種竹然，竿竿爭上，以至於齊。近世國家，所用以待野蠻之民族，及中落之國民者，皆用前法；所用以待自己之兒童者，則用後法。自歐力之東漸，有引以為中國之禍者、亦有引以為福者。苟舉其一而遺其一，則二者皆非也；兩舉之，則皆是也。

蓋其為中國之禍者，莫大於軍國主義、殖民地主義之侵入；而其為中國之福者，莫大於科學之傳布。我國民甘以中落之國民自居者，則軍國主義、殖民地主義，侵入不已。所謂瓜分、所謂共同干涉，不難一一實現於將來。何則？中落之國民與方興之國民，初無可以共存之道也。苟不甘以中落之國民自居，則不可不致力於平等之生活，以得共同之生活。為問今日中國人民之生活狀態，果已能與各國平等乎？否乎？科學之傳播於各國，各國咸翕受之，以生

變化。不特物質上之開化實受其賜，精神上之文明亦由科學而得基礎的觀念。所謂博愛、平等、自由之達德，皆於科學發達之後，始能得其真像，以身體而力行之。而科學之傳播於中國，其反響何其寂寥也？

各國於國際的道德雖未能修明，而國內的道德則已如天經地義、不可踰越。故民主主義蒸蒸而日上，而中國則八年以還，有共和之名，而無其實。四千年專制之毒，仍澎湃於政海，而莫知所屆也。各國於其人民之生命、自由、財產，皆有法律為之保障。深識之士，猶將以法律為未足，而思有以代之。而中國則上無道揆、下無法守，人民之生命、自由、財產，憔悴於虐政之下，朝不保其夕也。各國於其人民皆有一定之教育，普通知識遍於齊民、精深藝術待於學者；而中國則率獸食人之輩所在皆是，視學問如仇讎，於一學說之紹介、一思潮之萌芽，輒摧殘之。惟恐不力，必欲陷全國人心於抱殘守缺之境也。各國於其所領之土地，利用天然，增益之以人力，使之為充量之開發。寶藏盡興、交通日便。利用厚生之具，與日俱新；而中國則田野不治、道路不修，石器時代之物品，至今猶為一般社會所適用。以懶惰為高尚、以苟安為恬適，日在塗炭之中而不知所愧怍也。凡此種種，更僕未可以終。

夫所謂平等，非徒權利之平等而已，尤必先有義務之平等。未盡平等之義務，而得平等之權利者，謂之徼倖；既盡平等之義務，而不得平等之權利者，謂之冤抑。中國今日於國際上不平等之權利，為冤抑乎？否乎？其將以不可得之徼倖為已足乎？否乎？

日本前外務大臣後藤新平，在美洲之放論，有曰：「吾人不敢予中國以利益，蓋欲以益之，反以損之。中日戰後，日本取得遼東半島，以德、法、俄之干涉，還之中國。然中國乃以贈之於俄，因是演出膠州灣、旅順、大連灣、威海衛、廣州灣、九龍諸租借條約，幾成瓜分之局。美國昔者亦以粵漢鐵路還之中國矣，今其鐵路工程為何如者？中國人之性質，於其欲得一物之時，則搶攘呼號。若得之則生，不得則死者然；及其得之，則委之路隅，任其廢

棄，曾不少顧。日本今日不欲以德國、日本繼續在山東慘淡經營之所得，還之中國者，誠惜之也。」嗚呼，吾國人聞此放論，殆無不勃然而怒者；請姑勿怒，而一思所以雪其言乎？

意國代表在巴黎和會，要求以天津奧國租界，攘以己有。其理由則曰：「奧國租界關於一切文明之設備，所費不為不巨、為時不為不久、成效不為不可觀。自中國收回之後，百事墮壞於無形。凡昔日所設施，皆漸以窳朽而不可理。猶以為未足，加之以鼠竊狗偷、益之以糞穢。吾甚為歐人之心力、物力惜之。今之要求，欲任保全，兼事發揮光大，此各國之利，非獨意國之利也。」嗚呼，吾國人聞此，能不靦然而慚，如鴕鳥之被逐，引首入地，惟恐不深乎？則盍亦一思所以雪其言乎？

夫既為人類，以立於世界。能勤其心力，以為世界之先導者，上也；勤其心力，與世界諸人類齊驅而並進，不然則亦追而及之者，亦其次也；惰其心力，甘居人後，優哉游哉，恬不為恥，民斯為下矣。此在未進化之種，猶或得人之矜恤，而屬望於其將來；若其種本已進化，忽然中落，退化而未已，無有現在、無有將來。惟知仰首伸眉，與人津津然道過去以為樂，第日下下、下及黃泉，無所容於大地之上。中國先哲勤其心力，為世界之先導，故其文物被於東洋。環中國而居之諸小國，若朝鮮、琉球、日本、安南，莫不資其文化，以為生存；即侵入中國之諸民族，如獫狁、匈奴、柔然、突厥、五胡、女真、蒙古、滿洲，亦莫不感受其文化，以由僿野而進於開明。此誠可謂於人類有功、於世界為無負者。後人不肖，惰其心力，昔也日進步百里、今也日退步百里，以降於下下。欲求與人共其生存，猶不可得。

嗚呼！此其無狀，罪萬死。夫稂莠不去、嘉禾不生，芟夷蘊崇，必無所逃於自然之降罰。此等降罰，至為嚴酷，亦至為公允。

若猶不甘生為中落之民、死為餒而之鬼乎，請自努力於人類共存主義始！

欲求共同之生活，請自平等之生活始！

欲求權利之平等，請自義務之平等始！

二日、努力於抵抗人類共存主義之敵。凡上所述，吾人之自責，可謂至矣。責善朋友之道，無所於隱、無所於飾也。然而，吾人不但自責，而又責人，何則？彼軍國主義、殖民地主義，果何為者？吾人四千年之歷史，有姑息因循之事實，無貪黷暴戾之事實；有抵抗外侮之事實，無侵略他人所有之事實。故對於軍國主義、殖民地主義，自吾人之根性，深惡而痛絕之。夫世界諸人類，其進化有先後、進步有遲速，揆諸人類共存主義，固有待於後者之追而及之、亦有待於前者之誘而掖之。今不惟不加以誘掖而已，且將乘人之敝，以逞其欲。既盡掠其所有、又思以制其死命，使之不得復生。此盜賊之行，而人類共存主義之所不許也。不知自存者，固有罪矣；惟知自存而不許他人存在者，其罪為更甚。吾人於一面，努力脫去不知自存之罪；於一面，復努力於為不許他人存在者，袚除其罪惡。

軍國主義、殖民地主義，其精神即在於不許他人存在，所以為人類共同主義之敵，而吾人所不可不努力以為抵抗者也。數十年來，吾國受軍國主義（以下省略「殖民地主義」等字，以「軍國主義」無所不包也。）之荼毒，可謂至矣。在此世界大戰中，吾國遂從各國之後，以抵抗德國。所以抵抗德國，在抵抗軍國主義也。難者將曰：「此世界中持軍國主義者，何止德國？何獨於德國而抵抗之？」應之曰，此世界中，為軍國主義之代表者，莫如德國。蓋軍國主義之制度，以德國為最堅；軍國主義之勢力，以德國為最強；軍國主義之傳布鼓吹，以德國為最力。張綱之曰：「豺狼當道，安問狐狸？」杜甫之詩曰「射人先射馬，擒賊先擒王。」故抵抗軍國主義，必先抵抗德國，目的使之然也。嚮使德國不敗，則軍國主義如日中天，其能有人類共存主義之曙光乎？

　　難者又將曰：「不觀於巴黎和議乎？不過以協商國之軍國主義，代中歐同盟國之軍國主義而已。人類共存主義之曙光，果何在者？」應之曰，巴黎和議，不滿人意，誠如所言，然此有其原因焉。協商各國，於肝腦塗地、瘡痍滿目之後，喘息未定。故短時期之內，所汲汲者，惟在於損害之補償與危險之保障，其他所未遑及，此其一因也；凡戰勝之國，短時期之內，恆不免帶保守的傾向。蓋矜其所乍獲、而幸其所難覯，遂沾沾而不已，此又其一因也。然此不過一時之現象，與一部分之現象而已。若合大勢而觀之，則其所趨向，實足以毀軍國主義之存在，而助人類共存主義之發達。

　　請得而言之，俄國之君主專制政體，其黑暗與暴虐，非第俄人之大患，亦世界和平之巨梗也。今則以民主主義之思潮，摧陷而廓清之矣；德國之軍國制度、帝國主義，其開明與強盛，野心家之模範，崇拜武力者之偶像也。今則以眾怒難犯、專欲難成之故，以至於土崩瓦解。即平日模之、倣之，惟恐不肖者，如奧如土，亦隨以俱盡矣。美國大總統威爾遜關於永久和平之十四條件，德、奧之所怒罵，世界之人所目，為老生常談者也。今則德、奧請和，兢兢於此十四條件之不克實踐；而和會之中，對此十四條件，雖齮齕萬狀，終不能不以之為基礎矣。

　　萬國聯盟，前此僅學者所倡導、詩人所詠歎，今則公然載諸議和條約，而計日以觀其實行矣。勞働社會之所主張，及其要求，前此政府之所壓抑、資本家之所輕蔑、一般人士之所訕笑者也。今則以大戰之中，工人地位，著著增高。其所主張及其要求，次第實行，且載諸盟約，以期共守矣；女子參政，頑固者駭為奇談、輕薄者資為笑柄者也。今則雖以守舊著名之英國上院，亦不能不使其議案歸於成立，而其風潮且將普及於各國矣。

　　凡此種種，皆足以證軍國主義之失敗，民主主義之勝利。人類共存之觀念，經一度之磨礱、加一度之光明，舉向來人類間之階級與界畫，以漸消融、而歸於盡。雖曰其實現尚遠、其究竟猶未可知，然其趨勢，則固歷歷而可

指也。然則人類之努力，決非徒勞者。次於德國而為人類共存主義之敵者，莫如日本。吾人今日，有抵抗日本之決心，不憚公然言之。然吾人之抵抗德國非抵抗德國，抵抗德國之軍國主義而已；吾人之抵抗日本非抵抗日本之軍國主義而已。軍國主義不去，人類共存主義不立，外審世界之大勢，內察自國之危急存亡，吾人之對於人類共存主義，所愈當努力而不懈者也。

準是以言，人類共存主義，非惟無背於學理。即按諸事實，為世界計、為中國計，亦惟有立此以為鵠，而努力以期接近與實現而已。難者或又將曰：「人既以軍國主義臨我，我非軍國主義，無以與為抵抗。人類共存主義云云，臨河講孝經，終於無濟而已。」夫以軍國主義，抵抗軍國主義，固以為以毒攻毒也。不知以暴易暴，其流毒於世界人類，厥罪維均。即姑舍是，豈抵抗軍國主義，惟軍國主義能之，而人類共存主義必歸於無效乎？

前此，吾人雖知其不然，而苦於無所資以為左證。今則左證林立，隨處足以資吾人之徵引，則試以俄、法比較論之。如必軍國主義然後可以抵抗軍國主義也，則大戰之初能抵抗德國者，宜莫俄若。顧何以東歐戰線，俄之大奔敗績，不絕於書？而西歐戰線，法雖大挫於始，終能堅持於後，以久久而不懈也？更以德、美比較論之，以美敵德，淺識者固以為不倫。一般之軍事家，於美之參戰，更持輕薄之口吻，以為是何能為者？顧何以西歐戰線，自得美國援兵之後，遂反守為攻、節節進步，以得最後之決勝也？俄惟知以軍國主義為事，故其所汲汲在於整軍經武，而於民德、民智、民力，皆非其所恤。法則反之，平日不以軍國主義著，然以民主主義，基礎已定，人民之生命、自由、財產，得確實之保障，因得以盡量發揮其能力。又以好學之故，其學術思想之日新不已，與夫科學智識之應於實用，遂足以應變而無窮。故於開戰之始，雖以平日之懈弛，與臨事之倉猝，猶能支拄於一時。而張皇補苴，不虞其不及。於此戰役，所呈狀況，俄似猛鷙，而實枯脆；法似輕躁，而實堅韌。此俄、法異效之原因也。

德之軍備，並世莫能強焉，而科學之發達，又足以輔之，故雖以無道行之，亦有瘠牛僨豚之勢。美於平日亦不以軍國主義著，然其人民，雖不習於軍事之訓練，而體育之發達，與日俱進。雖不富於軍事之智識，而科學之精實，與時俱新。一旦參戰，舉數百萬有智識、體育之國民，以臨於前敵，其勢已不可侮矣。而其所號召者為和平、所履行者為正義，不惟民志定、士氣固而已，即敵國人民之愛和平與正義者，亦為之傾心。此所以在美有掃籜之勢，在德有魚爛之戚也。於此戰役，所呈狀況，美之學問知識，可以幾德；德之軍國制度，可以凌美。然美以公理而得同情，德以暴虐而成獨夫。孟子所謂，得道者多助，失道者寡助。多助之至，天下順之；寡助之至，親戚叛之。昔以為迂論者，今始知為至言也，此德、美異效之原因也。綜此現象，可得結論如下：

（一）人類之所以自立，在正義、不在強力。

（二）人類之所以能抵抗外侮，在學問知識的能力、不在軍事。

蓋富於學問知識的能力者，於軍事固優為之。若夫以軍事為已足者，其能力將有時而盡，此一義也。同是富於學問知識的能力，然違於正義者，終於不祥，反之則常為正義所右，此又一義也。

然則，國民於軍國主義與人類共存主義二者之間，將何所擇乎？欲儲國民抵抗外侮之能力，舍學問知識莫由。而等是學問知識，將用以為正義之盡瘁者歟？抑用以為強力之服從者歟？此惟人類之理性，足以決之，固不必代為之答也。

巴黎和議，為軍國主義與人類共存主義之過渡時期。在此時期以後，人類共存主義，滔滔進行，順之者昌、逆之者亡，中國所莫能外也。於此博學審問、慎思明辨而篤行之，此誠今日人類之責任，所當黽勉而不懈者也！

∽

出處：

- 汪精衛，《巴黎和議後之世界與中國》第一編（上海：民智書局，1926年），頁3–22。

- 三民公司編，《汪精衛全集》第四冊（上海：三民公司，1929年），頁1–18。

- 中山書局編，《汪精衛先生的文集》第四編（上海：中山書局，出版日期缺），頁1–17。

三：國民黨權力鬥爭與國民革命
（一九二五至一九二七年）

國際問題草案

一九二五年四月十七日

代序

國民會議促成會、各省代表大會、國際問題委員會諸先生同鑒：

　　兄弟於三月初旬，受大會聘任為國際問題委員會顧問，旋又被委員會公推起草國際問題議決案。兄弟當時因為孫先生病得很重，沒有起草的工夫。孫先生旋於十二日逝世，料理喪事不遑。至二十日兄弟自己又病倒了，直至四月十日以後，方總漸漸向愈。迴念起草責任，荒廢日久，深為慚歉。孫先生遺囑有云：「最近主張開國民會議及廢除不平等條約，尤須於最短期間促其實現。」如今諸先生同時著手這兩件事，兄弟雖在病中，敢不竭其思力，以為芻蕘之獻。茲謹草成國際問題議決案，附具理由，呈候裁定。一來時日短促、二來學問荒陋、三來還在病中，所有疏漏錯誤，必然很多。還望原宥，是所至幸。專此敬請

　　台安！

中華民國十四年四月十七日
汪精衛謹啟

第一、帝國主義的定義

什麼叫做帝國主義？有許多人弄不明白。就望文生義來說，帝國二字，容易解做有皇帝的國家，其實不然。英國是君主國，其對於印度，固是帝國主義；法國是民主國，其對於安南，何嘗不是帝國主義？所以在這裏所用帝國字樣，不是指他的國體，是指他對於殖民地所用的目的和手段。簡單一句話，帝國主義的對象，便是殖民地。帝國主義之對於殖民地，其手段之毒辣，比起國內君主之對於人民，利害得多。

什麼叫做殖民地？凡是一個國家和一個地方、一個民族，被人在他那裏隨意施行帝國主義的，便叫做殖民地。例如南洋英屬殖民地，其星加坡、麻喇甲、檳榔嶼，稱為英國的屬地，固是殖民地。然而大小霹靂、吉隆坡、芙蓉、彭坑等，稱為英國的保護國或保護地，雖然還有馬拉人做酋長，一樣也是殖民地；又如法國的安南，其西貢等處，稱為法國的屬地，固是殖民地。然而東京[32]、河內等處，稱為法國的保護國，雖然還有安南人的國王，一樣也是殖民地。因為不問他名義上有亡國沒有，只要他在事實上被人施行帝國主義的，便都叫做殖民地。

帝國主義者為什麼要這些殖民地呢？說來話長，然而就最近和最顯著的事實來說，是原因於十九世紀以來工業先進國的資本制度。歐洲列強，尤其是英國，因為機器發明和工廠制度發達的結果，生產力驟然膨脹。卻又因為資本制度的結果，資本操在少數人手裏、跟著生產機關如機器工廠等等也操在少數人手裏，在國內釀成少數資本家和大多數勞動者兩階級。有資本的便做機器工廠的主人，資本愈大，做主人的勢力也愈大；沒資本的，便只好做機器工廠的奴隸了。鍋爐裏燃燒著的煤炭，發出熱力。及其熱力已盡，便撥出鍋爐以外，叫做煤渣。勞動者的血汗，便和煤炭的熱力一樣，同是資本家絕好的營養

---

32 指越南東京保護國 Tonkin

品。勞動者的身體，便是和煤渣一樣，等到血汗出盡，便驅出工廠以外，絕不會有人顧恤的。

　　資本制度在國內既做成功了這種現象，同時因為生產力過於膨脹，機器工廠製造出來的商品，在國內銷售不了許多，因此急於在國外廣覓市場，以為銷售商品之地；而且製造商品是需要原料的，國內的原料供給不了許多，因此又急於在國外廣覓天然寶藏，以為供給原料之地。這便是尋求殖民地的最大目的了。銷售商品，是要換取他人血汗得來的金錢，或是價值相當的貨物；供給材料，是要將他人所有的地方一切土產，都囊括了去，還要將他人所有的勞力，當做牛馬般使用。

　　他人如果乖覺，不肯上當，那便怎麼樣呢？即使一時愚蒙，上了老當，不久必然覺悟的；覺悟以後，想出種種方法來抵抗，便又怎麼樣呢？帝國主義者早已打算及此，所以對於他所認定的殖民地，第一要緊的便是扶植他的政治上優越的勢力在上面，利用他的政治上優越的勢力，使他所認定做殖民地的人民，眼睜睜的受他束縛，而且束縛之後，還要結結實實的，永遠不會掙脫，然後帝國主義者方纔能為所欲為。

　　所以他有時硬將他人的地方，圈做自己的勢力範圍；有時竟老老實實的，歸入自己的屬地；有時變些花樣，做出保護國、保護地等等名色；有時更變戲法似的，祇要和他人結些不平等條約，權利盡量的歸入自己荷包裏頭、義務盡量加在他人身上，以後便拿「尊重條約」的大題目，將那擔負、片面義務的締約國，長枷大鎖的，永遠監禁著了。當那利於獨佔的時候，便做出些「維持已得權利」及「維持優越地位」的名色；當那利於分贓的時候，便做出些「最惠國條款」、「利益均霑」的名色。種種名色，真真是層出不窮。然其作用，無非要扶植政治上優越的勢力。

　　他為著扶植政治上優越的勢力，有時用些欺騙、籠絡的手段，便可以成功，那是最便宜不過的事；萬一欺騙、籠絡的手段有時而窮，那就不能不訴

之於武力了。橫豎機關槍、毒氣砲是他的特產，正所謂以無道行之，誰也沒奈他何。由此說來，武力是要來達到扶植政治上優越的勢力的，而扶植政治上優越的勢力，是要來達到霸佔市場、壟斷原料之用的。換句話說，經濟侵略是目的，扶植政治上優越的勢力是經濟侵略的保障，而武力是扶植政治上優越的勢力的前鋒或後盾。

照上所說，可知帝國主義，和從前歷史上所稱的窮兵黷武，大有不同。從前的窮兵黷武，其目的祇在使他人的國家或民族屈服於我權力之下，便算滿足。如今帝國主義，卻是以經濟侵略為目的。所以從前窮兵黷武的結果，不過亡人宗社；如今帝國主義的結果，卻是滅人生計。亡人宗社，謂之亡國。國雖亡而民尚存，將來尚有復國之機會；滅人生計，謂之滅種。生計既滅，無術足以自存，國亡而民亦隨以俱亡。

常常聽得有人說過：「國是不會亡的！中國立國已四千餘年了，中間亡於蒙古九十餘年、亡於滿洲二百六十餘年。在四千餘年當中，不過一瞬間，而且亡而復存，究竟和不亡一樣。所以中國人不必憂亡國，外國人也莫想亡中國。」哼，這是何等的風涼話！中國從前亡於蒙古、亡於滿洲，只是武力的失敗、政治的失敗，經濟上並沒有失敗，所以國雖亡而民尚存，徐圖武力與政治之恢復，因以有復國之機會。如今與帝國主義者相遇，他的目的在經濟侵略。武力與政治，不過一種手段。中國若不能抵抗經濟侵略，經濟上便失敗了；經濟失敗的結果，便是生計滅絕；生計滅絕，還有甚麼方法可以生存？所以中國若不能抵抗經濟侵略，不但會亡國、還會滅種。今日的中國人小心些纔好！

綜括以上所說，可以對帝國主義下一定義——凡是一個國家，利用自己政治上、軍事上優越的勢力，對於別個國家或地方或民族，施行經濟侵略者，便叫做帝國主義。

第二、帝國主義在世界上的勢力

帝國主義的性質，看了定義，已可明白。至於他的勢力，是如何呢？我也不知道如何纔形容得他出來。勉強的可以說道，帝國主義勢力之大，已經把世界上五大人種，滅亡或奴隸了三大人種有半；把世界上五大洲，變換了三大洲有半的顏色。

試看看啊，美、非、澳三大洲，不已都做了歐洲人的殖民地麼？澳洲早已有白澳洲之稱，為的是不許別色人種闌入；美洲如今也在限制別色人種入口了；中亞和西亞，如印度等處，一律也做了歐洲人的殖民地了。所謂把世界上五大洲，變換了三大洲有半的顏色，這話確不確？美洲的紅人、非洲的黑人、澳洲的棕色人、和中亞西亞的黃色人，都蜷伏於歐洲人勢力之下，做了奴隸。究竟奴隸的命運，也不見得長久。那些奴隸的死亡率，漸漸的增多，而生殖率卻漸漸的減少。歐洲人對於那些奴隸，雖然時時有虐殺的事情，卻是經濟侵略的無形虐殺，比起槍砲刀劍的有形虐殺，利害得多。而且時時刻刻、續續不斷，直令那些奴隸，沒有法子，可以偷生苟活於人世。

試看看啊，馬來半島一帶地方，最先是馬來土人瀕海而居的；自從英國人來了之後，因為海濱地方交通利便、天氣涼爽，最先便佔領住了。那些馬來土人，只好搬入腹地去了；漸漸的商場廣闊，連那些腹地，也被英國人用種種方法收為己有。那些馬來土人便只好再搬入山谷裏去了，那便離野番生活不遠了；然而，山谷裏有鑛山要開、有森林要種，英國人又漸漸的來了。那些馬來土人，連山谷裏也安身不牢，便只好投靠在英國人肘腋之下，討些鑛工做、或討些森林的苦力做，拿血汗換飯吃。血汗出盡，便和筋疲力盡倒斃在路上的老牛瘦馬一樣，再也不會有人憐恤的。

試想想啊，他們如何能生？如何能不死？馬來半島的馬來土人是如此，其他各處的土人何莫不如此？所以美洲的紅人，已經要勞白種人費心，想把他保存著、為人種博物館裏留著些紅人的活模型了。其他各色種人，眼看著

也要走這一條路了。所謂把世界上五大人種，滅亡或奴隸了三大人種有半，這話確不確？他們要想脫離滅亡或奴隸的厄運，除了抵抗帝國主義，再沒有第二個方法。如今土耳其人等，已在那裏拚命死鬥，吉凶未卜、存亡未定；印度人也已在那裏準備著開始死鬥了。從前額勒登保説得好「官兵條條生路，惟有打仗是死路；賊兵條條死路，惟有打仗是生路。」這句話恰恰的可以移贈在帝國主義勢力下的奴隸，他們真真是條條死路，惟有抵抗帝國主義是生路。

第三、帝國主義在中國的勢力

如上所説，帝國主義的勢力，已經把世界上五大洲，變換了三大洲有半的顏色；已經把世界上五大人種，滅亡或奴隸了三大人種有半。難道對於一塊肥肉的東亞，和一頓饅頭餡的東亞民族，獨獨的容他做例外不成？所以便風馳電掣的由印度、南洋一帶席捲過來了。説也慚愧，在這時候，只有一個日本剛剛將他抵抗得住；然而精神上已被他降服，投入他的隊裏，將大和民族成功帝國主義化了。至於中國，便已被他趕入滅亡和奴隸那一條路上去了。

我如今要敍帝國主義在中國的勢力，若逐件的敍起來，便成了一部帝國主義侵略史，這不是本論的範圍和職務。本論所要敍的，是自從帝國主義侵入中國以來，至於今日，他的趨勢，是怎樣呢？他的變遷，是怎樣呢？是否有系統可見？有條理可尋？這正是本論的範圍和職務。

自從帝國主義侵入中國以來，至於今日，約可劃分為五個時期。

第一時期，是由鴉片戰爭以至中日戰爭。這是帝國主義者，在中國取得利權的時期。他用軍事的勢力壓迫中國，以取得種種政治上優越的勢力，來扶植經濟侵略的基礎。

第二時期，是由中日戰爭以至庚子聯軍之役。這是帝國主義者，在中國競爭權利的時期。各國帝國主義者爭先恐後，倚著軍事的勢力向着中國，或用恫嚇的手段、或用戰爭的手段，來奪取種種政治上優越的勢力，以扶植經濟侵略的基礎。

第三時期，是由庚子聯軍之役以至歐洲大戰開始。這是帝國主義者，在中國行使權利、恣意經濟侵略的時期。在這時期，中國對於各個帝國主義者已一律降服了，再沒有抵抗的決心和勇氣了，各國也不必再用軍事的勢力來強壓中國了。種種政治上優越的勢力在中國已根深蒂固了，經濟侵略便可以暢行無忌了。可憐的中國人，卻以為已脫離瓜分的驚濤駭浪，可以在均勢局面之下，風平浪靜的過些日子。

第四時期，是由歐洲大戰開始以至華盛頓會議。這是日本的帝國主義者，在中國施行單獨侵略的時期。在這時期，歐洲各國疲於相斫，不遑顧及中國。日本卻乘這機會為所欲為，再也沒有人可以掣他的肘了。對於中國，或用軍事的恫嚇手段、或竟輕描淡寫的，拿著中國一、兩個軍閥來做傀儡，一般可以增加種種政治上優越的勢力，和經濟侵略的種種利便。

第五時期，是由華盛頓會議以至今日。這是各個帝國主義者，對於中國采取共同步調，以施行經濟侵略的時期。因為各個帝國主義者，在歐戰期內學了些乖，知道彼此競爭權利，徒然耽誤了侵略的工夫，反釀成了彼此間的不利益。所以一面要日本將已得的權利嘔些出來，一面把英、美、法、意、日本、荷蘭、比利時、葡萄牙諸國連合起來，向於中國采取同一的步調，以施行經濟侵略。可憐的中國人，看見各國逼着日本將已得的權利嘔些出來，和漁人向鸕鷀喉裏探出魚來似的，不禁拍著手叫痛快，卻忘了自己已陷入共管的坩堝裏頭了。

　　劃分了這五個時期之後，帝國主義者的勢力，在中國的趨勢和變遷及系統條理，已經約略可以明白。如今再分述於後：

一、由鴉片戰爭以至中日戰爭

　　在鴉片戰爭之前，中國和各國的關係，於北方有俄國、於南方有葡萄牙等國。一六八九年，中國和俄國所結尼布楚條約，還算平等；葡萄牙佔領澳門，中國固然上了老當；還有對於各國其他上當等事，不一而足。然而，這都不過是事實的上當，還沒有被條約將中國自己牢牢縛住。自從一八四〇年（前清道光二十年，以下省略）和英國開始鴉片戰爭之後，卒至於一八四二年七月和英國締結南京條約，這是中國對外戰爭失敗的第一幕、也是中國對外締結不平等條約的第一幕、也便是帝國主義的勢力侵入中國的開宗明義第一章了。

　　鴉片戰爭的起源極為簡單，便是中國不准英國輸入鴉片，英國卻硬要輸入鴉片。是非曲直，無須解說。在外國人方面，還要文飾其辭，說什麼鴉片戰爭是泰西各國對於中國要求外交商務之平等。試問中國連禁止毒物入境的自由還不許有，所謂平等者安在？最可歎的，連我國人所編的講義或教科書，還歸咎於中國之停止與英國通商。我更無他話，只能說道，我國人中帝國主義之毒，甚於鴉片了。

　　由鴉片戰爭，生出南京條約；由南京條約，生出翌年的虎門條約。因此美國也來了，法國也來了。中美條約成立於一八四四年六月，中法條約成立於同年九月。這四種條約，是一個系統的。南京條約、虎門條約，是中國戰敗於英國的結果，這和法、美有什麼相干，他們也要來一樣的受用呢？一半是乘中國新敗之後，沒有勇氣再和他們開戰；一半是乘滿洲政府的昏憒糊塗，他所用的宗室耆英等，正是第一名賣國好手。除這兩層原因之外，尤其是英、法、美等國，於取得權利之初，是共同行動的。因為互助幫忙，纔能取得贓物；須等到取得權利之後，方不免競爭起來。因為分贓不均，纔會打架啊。

　　試看看啊，虎門條約第八條規定道「將來有新恩施及各國，亦應准英國人一體均霑。」中美條約第二條規定道「如另有利益及於各國，合眾國人民應一體均霑。」中法條約第六條規定道「法國商民，一如厚愛之國無異。以後各國，紛紛援例，同此規定。」這便是所謂「利益均霑」，所謂「最惠國條款」。我們要記得清楚，中國若喪失權利於一國，同時便喪失權利於各國。

　　以上所謂四種條約，中國所喪失的權利，至如何程度，約舉如左：

　　（一）割地　依南京條約，將香港全島割讓與英國。這是中國喪失屬地的第一回。英國從此利用香港，來控制中國的死命。

　　（二）賠款　依南京條約，納賠款二千一百萬元於英國，分四年交清。英國軍隊，俟第一年賠款交清，即行撤退；惟丹山、鼓浪嶼兩處，俟償金全清、五口開放之後，始行撤退。這是中國賠償軍費的第一回。自此以後，單賠款一項，已足使中國永處於債務國之地位。

　　（三）設定外國居留地　依南京條約，中國將廣州、福州、廈門、甯波、上海五處，開為通商口岸。有人說道：「中國本不應采取鎖國政策，故此開港亦是常理。」殊不知因為開了通商口岸，同時准許外國人在該處取得自由居住、貿易的權利。而所謂居住、貿易，又要解釋做包有得於該處取得土地或租借土地以建築房屋、得購買或租借建成之房屋，及得為禮拜堂等等。久而久之，便變成租界，一步一步的將中國的行政權，屏出租界以外。而租界以內，完全為外國行政權所支配。不但外國人在租界內不受中國的管轄，甚至在租界內的中國人，也要受外國的管轄。所謂租界，無異是外國的領土。中國境內有若干租界，便是中國境內有若干外國領土。帝國主義者，不但可於租界內行使他的軍事警察以及民刑裁判權，還可以利用租界做侵略中國的策源地。

（四）取得領事裁判權　什麼叫做領事裁判權呢？簡單說來，便是外國人在中國境內，不受中國法律的裁判，而受他本國領事的裁判。就一方面說，中國的主權，不能行使於中國境內；就他一方面說，外國的主權，卻能行使於中國境內。這是什麼勾當？

帝國主義者，侵略別人的國家，所用的第一武器，便是領事裁判權。從前已施行於土耳其等處，如今輪到中國來了。試看看啊，英國的國外裁判法，明明的規定道「皇帝行使領事裁判權，和對於依割讓或征服所得之領土，同其方法。」領事裁判權所到之處，即是主權所到之處。故此容許他國在自己領土內行使領事裁判權之國家，便不能算是完全主權國，祇可叫做半主權國了。關於領事裁判權，南京條約雖未規定，而中法條約第二十七條關於刑事裁判權、中美條約第二十四條、二十五條關於民事裁判權，都已明白規定，援利益均霑之例。英國自然一同享受，其後各國也就一同享受，不用說了。

領事裁判權是帝國主義者侵略別人的國家所用的第一武器，上頭已經說過。他的利害，不僅僅在有關乎國家體面，而在外國人有了領事裁判權的保障，便看得中國主權如同無物。中國從前限制外國人在境內通行，外國人往往指為野蠻。其實外國人如果服從中國法律，便在中國境內隨意通行，亦無妨礙。惟其有了領事裁判權，所以外國人所到之處，便是領事裁判權所到之處，也便是中國主權受損害之處。而且外國人不但可以拿領事裁判權來做他個人的保障，並可以拿領事裁判權來做侵略中國的工具。中國眼睜睜的，看着外國人在中國以內，施行帝國主義來侵略中國，竟沒奈他何。

舉例來說，外國人在中國以內，設立銀行、發行紙幣、操縱金融，中國的財政機關，不能約束他；外國人在中國以內，設立學校，傳布他對於殖民地的教育，中國的教育機關，不能約束他；外國人在中國以內，設立報館、雜誌、通訊社等，宣傳他的帝國主義，謀不利於中國，中國的民政機關，不能約束他；外國人在中國以內，開設商店壓迫中國的小商人、組織工廠虐待中國的

工人，中國的農工商機關，不能約束他；外國人在中國以內，利用傳教名義，左袒教徒、包庇詞訟、魚肉良善，中國的司法機關，不能約束他。

　　以上種種，就法理上來說，外國人原沒有這般大權柄，無奈領事裁判權在他手裏；以上種種，雖不能說理所固然，卻已是勢所必至。所以領事裁判權侵略中國的程度，較之租界，更為凶猛。因為租界是固定的，領事裁判權卻是流動的。至少也可以說道，領事裁判權和租界二者，帝國主義者得之，如鳥之兩翼，在中國以內翱翔自由，可以制中國之死命，而不為中國所制了。

　　（五）協定關稅　凡是一個國家，如果有了對外貿易，便必然要有關稅制度；而關稅制度，必然要由國家自主。因為國家有了關稅自主權，至少可以做到以下的兩件事：一件是規定稅率，以增加國庫之收入；一件是對於某種的入口貨，課以高額的稅率，以保護自己國內的工業。就第一件來說，各國的關稅制度，都是一樣的用意；就第二件來說，有自由貿易政策與保護政策之爭論。其實世界上采用自由貿易政策的國家，只有英國、亦只有英國可以做到，因為英國本國的工業，已經發達，不怕和人自由競爭。其他各國關於關稅制度，便沒有不采用保護政策的。因為保護政策，所以抑制外國貨之入口，即所以助長本國貨之振興。尤其是工業後進國，視保護政策，更為切要。因為工業後進國的機器工業、資本制度、工廠組織，比起先進國，樣樣幼稚。若不用保護政策，將他培養起來，便驟然的要他和先進國的工業競爭，豈不是和驅使嬰兒與壯年人鬥力一樣？所以保護政策，在工業後進國，無異是抵禦經濟侵略的深溝高壘。

　　鴉片戰爭以前，中國關稅權是自主的，這並沒有什麼稀奇。各國的關稅權，那有不是自主的呢？卻是自從鴉片戰爭以後，依南京條約，關稅自主權一變而為協定關稅了。南京條約第二條規定道「英國君主派設領事、管事等官，居住通商口岸，專理商賈事宜。和各地方官公文往來，令英人按照下條開敘之例，清楚交納貨稅、鈔餉等費。」這是開外國領事官監視我國關稅的先

例。後來漸漸的竟由外國領事官向外國商人徵收稅餉，然後由外國領事官繳交於中國收稅官吏了；第十條規定是「第二條內言明，開關俾英國商民居住通商之廣州等五處，應納出口進口貨稅餉費，均宜秉公議定，則例由□部[33]頒發曉示，以便英商按例交納。今又議定，英國貨物自在某港按例納稅後，即准由中國商人遍運天下，而路所經過稅關，不得加重加稅例，只可照估價則例若干，每兩加稅，不過某分。」這是將課稅公平的義務加在中國身上，並且對於子口稅也已經用協定的制度，使中國無自主之權了。

南京條約締結之翌年，賣國好手滿洲宗室耆英等，又和英國於五月在香港議定五港出進口應完稅則協約，及通商章程。並於八月議定虎門條約。依照以上所議定，凡屬進口貨物，除紅木、紫檀木、黃楊木、白銅、黃銅及香料等貨例未胲載者，即按價值若干，每百兩抽銀十兩外，其餘皆值百抽五。於是協定關稅，遂告成功。

自此以後，中國失了關稅自主權。莫講不能斟酌世界經濟及國內財政現狀，增加稅額，以增加國庫之收入，並且不能施行保護政策。於是中國的手工業，遂為外國的機器工業所征服；中國的家庭工業制度，遂為外國的工廠制度所征服。而且一度征服之後，要想恢復振興，也沒有機會。只有日復一日的，向經濟落後的垉坷裏，墮落下去了。可憐的中國人，還在那裏說什麼「提倡國貨，挽回利權」，這不和被人束縛住手腳，卻在那裏說要練體操以增進健康，一樣的可笑麼？更可憐的，是自命為智識階級的人，還在那裏說通商是兩利的事情。須知道公平的通商，纔可以說是兩利。如今他們在自己的國裏，是關稅自主的；而對於中國，卻要關稅協定。不公不平，孰甚於此？如何可以說到兩利的話？在通商條約裏，中國擔負片面義務很多。而最大最危險，可以把中國送到民窮財盡的一條路的，莫過於關稅協定了。

---

33 據南京條約原文，「部」字前皆有一虛位未填

　　以上割地、賠款、設定外國居留地、取得領事裁判權、協定關稅五項，便是四種條約內容的犖犖大者，其他不能細述。袛就這五項而論，中國的權利已受重大打擊，馴致在國際上不能得平等的地位。因為割地賠款，雖然是戰敗國常有的事；至於設定外國居留地、取得領事裁判權、協定關稅這三項，都是歐洲各國對於他們心目中所謂野蠻人而設的。他們在自己的國內，決不容有這等喪失主權的事情，他們為對於他們心目中所謂野蠻人，要施行經濟侵略，纔做出這等花樣，以取得政治上優越的勢力；為要取得政治上優越的勢力，不恤訴之於武力，或是單獨侵略，或是共同行動。故此，由鴉片戰爭生出來的中英、中美、中法四種條約，是帝國主義侵入中國之始。

　　以上四種條約，各個帝國主義已是把中國牢牢縛住了。誰知貪心不足，還要得寸進尺。英、法聯軍，於一八五七年，又向中國開仗，結果廣州陷落。於是英、法軍艦會同美、俄軍艦，長驅北上至白河口，攻陷大沽砲台，卒於一八五八年十月締結天津條約；及至一八六〇年英、法聯軍，再開戰釁。天津、北京，相繼陷落，又於同年九月締結北京條約。這兩種條約，比起南京條約，中國的痛苦更深一層：

　　就割地來說，將香港對岸之九龍一角，讓與英國。

　　就賠款來說，英、法各八百萬兩，總數償清，英、法始撤退分屯中國各處之兵。

　　就開通商口岸來說，除南京條約五處之外，增開牛莊、芝罘、台灣、潮洲、淡水、瓊州、南京、鎮江、九江、漢口、天津各處。而天津、漢口和南京條約的上海，各國租界，於以劃定。有些是各國共管的、有些是一國專管的，其繁榮為各處租界之冠。天津是中國北部的咽喉、漢口是中部的咽喉、上海是南部的咽喉，這三處咽喉之地，變做了外國行政區域，中國的危險可想而知了。

　　就取得領事裁判權來說，比之南京條約，更為擴大。試檢中英天津條約第十六條的規定「英國人民有犯事者，皆由英國懲辦；中國人欺凌擾害英民，皆由中國地方官自行懲辦。兩國交涉案件，彼此均須會同公平審斷，以昭允當。」會審制度，由此確定。又因為漢文字句含混的原故，民事刑事，看做一律。而且還有一件奇怪的事，中國法庭對華人被告之裁判，外國方面是要會審的，而外國法庭對外人被告之裁判，中國方面，卻不能會審。這是什麼道理？還有一樣，因天津條約之結果，外人苟持有己國領事發給之護照，無論內地何處，皆許其游歷；因天津條約之結果，許法國以傳教自由。並其教士，無論在內地何處，得為傳教租買土地、建造房屋。法國既得此權利，他國當然援例均霑。故此領事裁判權已是通行於中國全境，再也沒有限制了。

　　就協定關稅來說，依南京條約，「對於一切進口貨物，定為值百抽五的稅率」；而天津、北京兩次條約的結果，於此項進口稅外，「再繳納子口半稅，值百抽二點五。即沿途照驗，放行，概不重徵。」於是內地釐金，只能騷擾中國商人的國貨，絕不能騷擾外國貨了。試想想啊，外國貨因為外國機器工業、資本制度、工廠組織各樣發達的緣故，他的貨品、成本及質量，都已非中國手工業、家庭工業所製造出品來的貨品，所可同日而語。再加以中國貨沿途關卡釐金重重抽剝，而外國貨除繳納子口半稅外，便了無牽累。在這樣的環境裏，卻希望中國工業能和外國工業在中國以內相競爭，豈不是夢想？在中國以內已是夢想，在世界上更是夢想所不到了。

　　天津條約和北京條約，是中國戰敗於英、法聯軍的結果。所以英、法兩國所得權利，大略相等。除英國多得了九龍一角外，沒有什麼大差異的。卻是此役除英、法外，還有周旋其間、上下其手的俄國和美國。所以美國賠款、割地兩項，雖然沒分；而於增加居留地、擴充領事裁判權及修改海關稅率等等利益，也就所得惟均。其他各國，也就老實不客氣，援利益均霑的例，一同享受了。只有俄國更為狡獪，除了共同得贓之外，還得了些特別的贓物。他玩弄滿洲政府，如同小兒。竟於一八六〇年十二月，和滿洲政府訂定條約，規定兩

國沿烏蘇里江、松阿察河、興凱湖、白琳河、瑚布圖河、琿春河、圖們江為界，以東為俄國領、以西為中國領，還有西疆未勘定之界等等。由此條約，中國所拋棄的領土，東西廣及二十餘經度、南北長及十餘緯度。俄國從此得在該處建立阿穆爾州、沿海州。不但咄嗟之間，平空得了這般廣大的新領土，而且在中國北部樹立侵略的基礎，得以發揮他力征、經營的能事了。

　　自從天津、北京兩條約締結之後，中國已屈服於帝國主義勢力之下。這兩條約把中國束縛得結結實實，直至今日還繼續遵行。這兩條約是帝國主義扶植勢力於中國的中堅骨幹，是不平等條約之總樞紐，中國人千萬不要忽視纔好。

　　天津、北京兩條約締結之後，各國還趁著太平天國的戰事，任意在勢力所及之地方，攫取權利以及種種利益。這些權利及利益，絕不是根據條約得來的，只是連偷帶搶得來。以後便成為慣例，視為固然了。例如上海居留地，極力擴張行政範圍及司法範圍，使上海租界變為外國領土；又如上海自經劉麗川佔領之後，滿洲政府所派遣的官吏逃散一空，以致管理稅關事務無人，英、法、美三國便各派稅務司一名。這管理稅關，本來一時的創例，後來竟變為定制了。又因為英國勢力最大，便以英人威妥瑪[34]為總稅務司。從此稅關管理之權，便落於英國人之手，至今不能收回。雖然名目上，總稅務司是隸屬於理藩院，而且各關皆有關道做監督，後來還設有稅務處。但這些不過都是定名，專以為位置官僚之用，實權仍操在總稅務司手裏，於是總稅務司遂隱然有操縱中國財政的大權了。關稅已經協定，而管理稅關之權又奉之於外人，不但中國政府財政在他掌握，便是中國國民生計也被他扼制住了。可歎自命為智識階級的人，還說：中國自己不能管理稅關，還是讓外人管理，可以興利防弊。照這樣說，何止稅關，整個中國交給外人共管，豈不更為澈底麼？

---

34 Thomas Francis Wade

在太平天國戰事期內，趁勢撈摸權利及利益，各國皆然，而英國尤甚。加以英國曾將他的洋槍隊幫助曾國藩、李鴻章等打倒太平天國，從此滿洲政府忘了南京條約及天津、北京條約的奇恥大辱，反當英國做恩人了。英國便也乘此機會，在政治上、經濟上，佔得了無限便宜。所以一八六四年的貿易額，合各國的總數，還不及英國的十分之一。英國這樣，也可以心滿意足了。誰知於一八七六年，還要向中國締結芝罘條約。他的藉口，不過因為雲南視察員馬俄利[35]被中國人殺害。而他所要求的：

一是調查雲南大理府或其他適宜之地，為將來通商之處。

二是增加蕪湖、宜昌、溫州、北海等處，為通商口岸。

三是得在重慶設商業視察員，調查四川經濟情形。

四是得送探險隊於甘肅、青海一帶、並西藏，中國還須擔任保護。

除以上四項之外，還要於一八九〇年三月芝罘條約追加條約裏頭，規定重慶為通商口岸。於是英國的勢力，由長江下游的上海，一直貫徹到長江上游的重慶；而西藏經營，也從此開始了。

以上所述，還不過是南京條約以來，割地、賠款、設定外國居留地、取得領事裁判權、協定關稅五項範圍內的事情。如今再要舉出一項事情，和以上五項同其重要的，便是「攘奪藩屬」。在鴉片戰爭以後，中日戰爭以前，中國共喪失了三處藩屬。一是安南，為法國所攘奪；二是緬甸，為英國所攘奪；三是暹羅，為英、法兩國所攘奪。分述於後：

（一）法國攘奪安南　安南本為中國的藩屬，其親密關係，不但遠過暹羅、緬甸，且過於朝鮮。自從法國硬來攘奪，逐致有一八八四年的中法戰

---

35 又譯作馬嘉利 Augustus Raymond Margary

爭，生出同年五月的講和條約。及至戰爭復起，又生出一八八五年六月的講和條約。其後還有一八八六年四月的訂定細則，和一八八七年六月的界務專約，及商務續約。依照以上各種條約，中國對於安南，拋棄其向來之宗主權，而承認安南為法國之保護國。此外中國還要將龍州、蒙自、蠻耗36開為通商口岸；並聲明將來於南數省建築鐵道時，雇用法人，及採用法國材料。於是中國所犧牲的，不祇安南而已。

（二）英國攘奪緬甸　法國佔領安南之後，英國恐怕他由安南窺伺緬甸，以危及印度，遂向緬甸借端開釁，虜其國王，而滅其國。中國因為緬甸向來是中國的藩屬，故此向英國抗議。但是英國不惟不退讓，還要向中國加以恐嚇，說要由印度進兵西藏。於是中國便不得不拋棄緬甸了。一八八六年，和英國締結緬甸條約，承認英國之攘奪緬甸。

（三）暹羅為英法兩國所攘奪　法國既奪安南，英國又攘奪緬甸。暹羅介於英、法之間，不但暹羅自身不能自保，英、法勢力亦容易因接觸而生衝突。於是英、法遂於一八九三年分割暹羅所轄南掌地方，而許暹羅獨立，廢止其向來入貢中國之事例。而英、法同時將暹羅作為緩衝地，彼此相約，不得派兵入暹羅境內。自此以後，暹羅稍稍得圖自立，以努力之結果，竟獲撤除領事裁判權。不但安南、緬甸無此厚幸，中國現時還做不到呢。

我於敍述中國喪失藩屬之際，要附帶聲明一句。將別人的國家，來做自己的藩屬，本是一件不平等的事。我相信現時中國人民的意思並沒有要求恢復已喪失的藩屬，祇有盼望他們能和帝國主義者奮鬥，以做成平等、獨立、自由的國家。至於他們做成國家以後，願意和中國做聯邦與否，也屬於他們的自由意思。中國祇有這般期待，決不肯施以強迫。

---

36 今稱曼耗

自鴉片戰爭以後，至中日戰爭以前，各個帝國主義者之侵略中國，其犖犖大者，已如上所述。由此可知，帝國主義之於中國，其勢力之深入，已至若何程度。此後所取的方策，惟有二途：

一是急進的，即是急於分割中國的領土，在所分割得來的領土內，施行經濟侵略。

一是緩進的，即是不急於分割中國的領土，以緩和各個帝國主義者間的衝突，與迷惑中國人民的視聽。而以既取得的政治上優越的勢力為基礎，在中國的領土以內，施行經濟侵略。

二、由中日戰爭以至庚子聯軍之役

中日戰爭以前，在中國獲得利權最多、勢力最大的，首推英國，法、美次之。俄國於北方，在軍事、政治方面可與英國抗衡，經濟方面則不如遠甚。此是大約情形，已如上述。及中日戰爭以後，驟然之間添了一個日本，駸駸乎與英、俄抗衡，法、美已望塵不及了。當帝國主義東漸之始，日本與中國陷於同一的命運，領事裁判權和關稅協定兩條鐵鏈，各國也曾以之加於日本。日本急於掙斷這兩條鐵鏈，故此發憤圖強。一方面修明內治、一方面確定對外方針，其對外方針的步驟，約分為三。

第一是壓服附近諸國，如琉球、朝鮮等，以清除肘腋之隱患。

第二是壓服中國，以取得廣大之富源。

第三是對抗歐、美，以維持國際之平等地位。

以上三者，是日本對外方針，懸為國是的。一八七一年十月，為臺灣生蕃問題，已經要藉口向中國開釁；自此以後，滅琉球，改為沖繩縣，便專心致志於朝鮮事件了；卒於一八九四年六月，開始中日戰爭；於一八九五年四月，訂定馬關條約，共計二十一款。其內容之最重者如左：

（一）中國認朝鮮為獨立國。

（二）賠日本軍費二萬萬兩。

（三）割遼東半島、臺灣及澎湖列島與日本。

（四）對於日本臣民，與以最惠國待遇；且開沙市、重慶、蘇州、杭州為通商埠。

其後因為俄、法、德三國聯合，強迫日本退還遼東半島於中國，而增加中國賠款三千萬兩以為抵償。中國在這一回戰爭的損失，除大宗賠款、大批割地之外，因為日本得了最惠國待遇，於是南京條約以來，各國在中國所取得的權利，日本也一體均霑了。於是除了歐、美帝國主義之外，又多了日本帝國主義了。不但這樣，各國看見日本因此一戰而獲得許多權利，於是爭先恐後的，采取急進的侵略方策，紛紛向中國要求租借地及劃定勢力範圍。所以自中日戰爭以後至庚子聯軍之役以前，是瓜分中國論最熾烈的時代。今分述於左：

（一）關於要求租借地者

一八九七年十一月，山東曹州府鉅野縣，有德國教士二人為游勇所殺。德國藉此，便派遣軍艦佔領膠州灣、隨即派遣極東巡洋艦隊脅迫中國，於一八九八年三月訂立條約。其內容是「以膠州灣兩岸之地域租借與德國，以九十九年為期。中國政府在租借期間，對於租借地不行使統治權，而以之委付於德國；此外，德國還取得膠濟鐵路的建築權，沿鐵路百里內的礦山，德國得自由開掘；並且約定，中國如在山東省內經營新事業，要仰給外人的資本及其他補助時，德國有優先權。」依此條約所規定，中國所喪失的不止膠州灣，直是將山東全省斷送。然即以膠州灣而論，各國之在中國，又開了租借地的新例了。

德國既開此例，俄國繼之，於一八九八年三月，向中國訂立旅順、大連灣租借條約。其內容是「規定租借期間為二十五年；此外還承認俄國得以與

東清鐵路之敷設；同一條件，在遼東半島沿海之地敷設支線，以與東清鐵路相連絡；同年七月，又補約鐵道支線得延長至吉林。」

於是英國以中國租借旅順、大連灣與俄國為口實，於一八九八年七月，向中國訂立威海衛租借條約，其租借期間與旅順、大連灣同。

於是法國也於一八九八年十一月，向中國訂立廣州灣租借條約。其期間為九十九年；此外還承認法國得在赤坎、安鋪間，敷設鐵路及架設電線。

於是英國又以中國租借廣州灣與法國為口實，要求租借九龍半島全部，以為抵制。於中、法結約之翌月，向中國訂立九龍租借條約，將九龍半島全部，及香港附近大小島嶼四十餘處，並兩海灣，及附近水面，均租借與英國。亦以九十九年為期。

租借地和割地，法理上雖有分別，而事實上則完全一樣。而且各國之於租借地，其最大目的在設備要塞及軍港。中國至此，不但是開放門戶，直是讓人佔領門戶，以踏進堂奧了。

（二）關於劃定勢力範圍者

劃定勢力範圍之說，起於歐洲帝國主義者之對於非洲。當時歐洲各個帝國主義者，對於非洲，或欲爭先佔得、或欲防避衝突。遂各自劃定勢力範圍，而互相承認之。當時已沒有非洲人民在其心目了。勢力範圍劃定之後，便所謂物各有主。故此劃定勢力範圍，可以看做準備瓜分。各個帝國主義者之於中國，在當時事實上已各自認定勢力範圍。

例如揚子江流域各省，英國已認定是自己的勢力範圍；兩廣、雲南等省，英、法兩國同時認定，便不免有所爭執；又如蒙古、新疆、滿洲及中國黑河以北，俄國認定是自己的勢力範圍。但日本崛起之後，關於滿洲等處，便不免要與俄國衝突；至於日本之於福建、德國之於山東，則直是視同禁臠了。

以上雖然是事實如此，卻沒有明文規定。俄國的外交，專尚狡獪，祇要事實做到，不必見之文字；至於法國於中法戰爭後所締結的條約有：南數省將來如建築鐵道時，須雇用法人及采用法國材料、德國於膠州灣條約有：中國如在山東省內經營新事業，要仰給外人的資本及其他補助時，德國有優先權。這等規定，就意義解釋，已含有勢力範圍的意味。

及至一八九八年，英國公然與中國約定，揚子江沿岸各省之地，不得以租借抵當及其他名義，讓與他國；法國於前一年間，已與中國約定，不得以海南島割讓於他國。至是更進一步，與中國約定，不得以廣西、雲南割讓於他國；於是日本亦要求中國承認，不得以福建割讓於他國。於是各國在中國的勢力範圍，明白劃定，中國隨時可被瓜分了。

以上所述，租借地及勢力範圍兩項，都是中日戰爭以後新發生的事情。就此兩項的意義觀察起來，可知道其時帝國主義者對於中國，已決定采用急進的侵略政策，要在中國發揮軍事的勢力，急遽的將中國變成自己的政治領域，以施行經濟侵略了。

三、由庚子聯軍之役以至歐洲大戰開始

庚子之役，是中國對於帝國主義者之態度變遷的一個重要關鍵。

由鴉片戰爭以至於庚子之役，中國對於帝國主義者至忍無可忍的時候，也還有決心與勇氣，以出於一戰。如鴉片戰爭、如英法聯軍之役、如中法戰爭、如中日戰爭、如庚子聯軍之役，中國雖然一敗塗地，但至多不過是戰敗國而已。

庚子之役以後，中國自己承認再也沒有抵抗帝國主義的能力了。出於一戰的決心與勇氣，完全失掉了。即使到了忍無可忍的時候，也只有偷生苟活的，便混過去了。如日、俄在東三省地方作戰；如日、德開戰，日本在山東地方破壞中國中立；如日本以哀的美敦書強迫中國承認二十一條。若照庚子之役

以前的中國態度，終不免出於一戰。然而，中國在那時候卻吞聲忍氣的、惟有逆來順受，真可說是前後態度若判兩人。這些所在，固然前有滿洲政府、後有袁世凱政府，媚外自存，實使之然。然而中國人民，也不可不知恥的。

至於帝國主義者之對於中國，也是以庚子之役為變遷態度的關鍵。

上頭說過，中日戰爭以後，各國對於中國都采用急進的侵略政策。卻是自經庚子之役，各國忽然急轉直下的，一變而為采用緩進的侵略政策了。這裏頭原因複雜，而最重要的，不過兩端。

第一是各國在中國的利害衝突，本來已是處處潛伏、時時可以觸發；自從采用急進的侵略政策之後，這些利害衝突，更來得急激了。中日戰爭以後，中國已不能過問朝鮮的事，俄國卻要橫加干涉起來。日本對於俄國，近之在朝鮮、遠之在滿洲，都有不能並立的形勢。自從俄、德、法三國干涉還遼之後，早已處心積慮，以俄國為第二次大戰之目標。及至俄國乘庚子之役進兵東三省，明示囊括滿洲控制朝鮮之態度，日本遂與俄國開戰。結果兵連禍結，俄國固然吃虧，日本也幾乎瀕於危境。英國因為英、日同盟的關係，法國因為俄、法同盟的關係，都不免有波及之虞，其他各國也就不能坐視。由此更可證明，各國若對於中國采用急進的侵略政策，徒然促進了各國間的衝突。在這種強權的世界，強者與弱者遇，纔得意的說「兼弱攻昧，取亂侮亡」；強者與強者遇，便不得不懷「兵凶戰危」之戒心了。這是各國一變而采用緩進的侵略政策的一個原因。

其次是庚子之役的結果。各國在中國雖然得了勝利，然鑒於中國人民的抵抗之烈和憤恨之深，知道是中日戰爭以來采用急進的侵略政策之結果。如果經濟侵略除了急進政策，別沒有第二個方法，那自然便只好一直幹下去。如果還有第二個方法，一樣可以達到經濟侵略之目的，那又何必一定的用急進政策呢？這是各國一變而采用緩進的侵略政策的又一個原因了。

所謂緩進的侵略政策，是什麼呢？便是上頭說過的「不急於分割中國的領土，以緩和各國帝國主義者間的衝突，與迷惑中國人民的視聽，而以既取得的政治上優越的勢力為基礎，在中國的領土以內，施行經濟侵略。」我們看了這定義，便可知道緩進和急進的分別，只在手段、不在目的。詳細的說，經濟侵略之目的，是一樣的；所不同的，一是急於分割領土、一是不急於分割領土而已。急於分割，各國便各自於所分割得來的領土內，施行經濟侵略；不急於分割，各國便憑藉著既取得的政治上優越的勢力，共同於中國的領土以內，施行經濟侵略。前者的至極是瓜分，後者的至極是共管。可憐的中國人，聞說急進政策，還知道提心弔膽；聞說緩進政策，便安心樂意了。這是無異說急性病纔是病，慢性病不是病；又無異說霍亂病纔會死，肺癆病不會死。

以上是綜括的敍述。由庚子聯軍之役以後至歐洲大戰開始以前，各國對於中國之態度，如今再分別的敍述如左：

（一）庚子聯軍之役

義和團事件，起於一九〇〇年夏間。依會黨向來歷史的觀念，是「反清復明」的；而依鴉片戰爭以來，中國人所受帝國主義的刺激，是「滅洋仇教」的。所以義和團起初的觀念，原是「反清滅洋」；隨後不幸為滿洲太后、王公所利用，便一變而為「扶清滅洋」了。因為樹起了滅洋的旗幟，所以惹動八國聯軍，打破北京，於一九〇一年和中國締結辛丑議和條約。其內容之重要者如左：

（一）賠款四萬萬五千萬兩。從前英法聯軍之役，賠款英、法各八百萬兩。即由海關指撥，至同治四年，纔能清償；中日戰爭之役，賠款與贖遼共二萬萬三千萬兩，也是以關稅為主要抵押品；此次賠款，自然也要關稅撥付。每年關稅，對於以上賠款，須儘先支付；餘剩下來的，名為關餘，交還中國。如此看來，我國關稅，除了關稅協定和外人管理稅關之外，關稅所得，還要先讓外國人吃飽，中國不過嘗些餕餘罷了。

（二）中國將大沽砲台和北京、天津間之軍備，悉數撤去。而外國為保障北京、天津間之安全，計得於北京黃村、廊坊、楊村、天津、軍糧城、塘沽、蘆台、唐山、灤州、昌黎、秦皇島、山海關等處駐屯軍隊。而於天津二十里以內，中國軍隊不得駐屯及接近。試問這樣和虎狼屯於堂奧，有何分別？

（三）劃定北京公使館區域。在此區域以內，警察權全屬於公使館，並得駐屯軍隊，及為種種軍事設備。所以北京公使館區域，不但是外國的行政區域，而且是外國的武裝行政區域。在南城架設大砲，隨時可以粉碎北京。於是北京政府遂為各國所得隨意操縱。東交民巷的各國公使館，駸駸的變成北京的太上政府了。

辛丑議和條約，中國的喪權辱國，事類甚多。以上三項，不過是最重要的舉例。如此看來，中國還能算做自由獨立的國家麼？

（二）庚子之役以後各國相互的關係

俄國藉口義和團事件，進兵滿洲，意圖佔據。這種突飛猛進的態度，不獨沒有中國在他眼裏，便對於各國也就旁若無人，所以各國不能不驚心動魄了。

第一個是英國，他自從鴉片戰爭以後，在中國的貿易額佔絕對的優越，如何能容俄國獨行其志？只是他的陸軍勢力，苦於不能和俄國在中國爭衡。從前鴉片戰爭和英、法聯軍的得意態度，已經是過去了。於是手忙腳亂的，於一九〇〇年十月，和德國締結協約，以防止德國在山東與俄國串成一氣。隨又於一九〇二年一月，和日本締結同盟條約，倚賴日本陸軍的勢力，以抵抗俄國。果然，便發生一九〇四年二月的日俄戰爭了。

美國自鴉片戰爭以來，雖然援利益均霑之例，關於租界、領事裁判權、關稅協定等等權利，與各國一同享受，卻沒有單獨和中國開過仗、沒有得著分割領土等等利益。當一八九八年，各國紛向中國要求租借地及勢力範圍的

時候，美國恐怕瓜分勢成，自己沒分。而且美國的國勢，對於中國，以緩進的政策為，尤有利益。因為美國所優的是財力、所絀的是兵力，故此對於急進的政策，不能贊成。一八九九年，從九月起至十二月，國務卿赫氏[37]通牒日本、英、法、俄、德、奧、意七國，主張對於中國要保全領土、開放門戶、機會均等。那時候，各國表面上是一致贊成的；自經庚子之役和日俄戰爭，便變為實際上也一致贊成了。

自上頭說過的英德協約、英日同盟條約、以至一九〇五年第二回英日同盟條約、一九一一年的第三回英日同盟條約、一九〇七年的日法協約，一九〇七年的日俄協約、一九一〇年的第二回日俄協約、一九〇八年的日美協商、一九一七年的第二回日美協商等等，無不將保全領土、開放門戶、機會均等做口頭禪。這緩進的侵略時代所出產的三個名詞，恰恰與急進的侵略時代所出產的租借地、勢力範圍兩個名詞，後先輝映。如今不能不將這三個新出產的名詞，下些解釋。

什麼叫做保全領土呢？這是對於分割領土而發的。詳細說來，不要將中國切成零零碎碎的小塊，分與各國，各自享受；而要將中國整個的大塊，把與各國共同享受。

什麼叫做門戶開放呢？各國要中國歡迎他們來施行侵略，不許有一些阻礙、不許有一些抵抗、不許有一些遮攔、不許有一些隱蔽或躲閃。讓各國得以稱心如意，為所欲為。

什麼叫做機會均等呢？換句話說，便是所謂「大家有分」。無論那一國，在中國以內，已經設定勢力範圍也好、利益範圍也好，只要在範圍以內，對於其他各國之既得權利及利益，不加妨害。而且，將來對於中國如果有要求權利及利益的機會，各國要均等的，不得或厚或薄，或是畸輕、或是畸重。

---

37 赫爾 Cordell Hull

　　有人問道：「保全領土、門戶開放、機會均等，於中國何至有如此大害？」我們可以無疑、無貳的答道，因為各國對於中國已經締結了許多不平等條約。根據這些不平等條約，可以行使種種政治上優越的勢力，以遂其經濟侵略。故此保全領土、門戶開放、機會均等的結果，使此等侵略範圍日益擴張、程度日益增進。是不是中國的大害？舉一個例來說，沒有領事裁判權，多些外國人在中國，也不妨；有了領事裁判權，中國以內多一個外國人，便多一害。再舉一個例來說，沒有關稅協定，多些通商口岸，也許不妨；有了關稅協定，多一通商口岸，便多一害。其餘可以類推。

（三）各國相互的關係協定以後，對於中國大行投資

　　各國相互的關係，如上所述，已經逐一協定。於是各國間的利害衝突，便緩和了許多。而中國自經庚子之役，對於外國的侵略，沒有抵抗的決心和勇氣，也被各國看出來了。於是各國放下心來，對於中國大行投資，以滿其經濟侵略之欲望。

　　什麼叫做投資呢？簡單說來，便是各國對於中國之有利事業，投下資本，以取得利益，同時扶植本國的勢力。所謂有利事業，種類不一，最重要的便是鐵路事業了。

　　各國經營鐵道事業，並非於這時候方纔開始，卻是於這時候方纔盛行。約略計來，如俄國的東清鐵路、日本從日俄戰爭以後得來的南滿鐵路和安奉鐵路。名義上和事實上，鐵路皆屬於外國，而鐵路卻在中國境內，是無異外國之領土，延長於中國領土之內。而且以保護鐵路的名義，得設置警察和駐屯軍隊，還又劃出沿鐵道兩旁的地方，叫做鐵路附屬地，駸駸的便變成外國行政區域，中國在實際上和喪失領土差不多了。此外，如法國的滇越鐵路、德國的膠濟鐵路，雖沒有這般行政的權限，而鐵路屬於外國所有，則與東清、南滿、安奉無異。以上的鐵路，不但外國對於中國有了經濟侵略的便利，便是軍事行

動也容易得多。舉一個例來說,中國如果和日本開仗,日本便可由南滿鐵路輸運軍隊,佈滿東三省;同時,便可以鐵路附屬地,做軍事的策源地。

至於鐵路的所有權,屬於中國而由外國投資者,如京漢、粵漢、川漢、京奉、津浦、滬甯等鐵路,皆是。以上的鐵路,雖然沒有將所有權屬於外國的危險,然某條鐵路由某國資本所建築,則某國在這條鐵路上,自然得著種種便宜。不特經濟的勢力,由此擴張;即政治的勢力,也由此扶植。所以投資於鐵道事業,不但是外國資本家所爭先恐後,便是外國政府也隱隱在那裏發縱指示、或出頭露面,來做保鑣呢。

還有一件至重要的事,便是因為投資鐵路的問題,引起銀行團的組織。結果各國聯合、向於中國,施行財政的束縛,馴致監督財政,這是我國人千萬不要忘記的。在一八九八年的時候,美國合興公司取得粵漢鐵路之建設及管理權;及一九〇五年,中國備價贖回。當時決定,廣東的部分由民辦、湖南的部分由官民合辦、湖北的部分由官辦;其後兩湖因沒有資本,遂於一九〇九年六月,向英、法、德借款,因以有三國銀行團之成立;繼因美國的抗議,於一九一〇年三月,容許美國亦加入,因以有四國銀行團之成立,借款總額為六百萬磅;跟著美國發起幣制借款,總額為一千萬磅,勸誘英、法、德三國加入。依然是四國銀行團操縱一切,於一九一一年四月成立;及至民國元年(一九一二)三月,日、俄兩國正式加入,四國銀行團便一變而為六國銀行團了。

數十年來,以帝國主義臨我之英、俄、德、法、美、日六國,至是乃協同步調,以對付新產生的中華民國。不幸而那時擔當中華民國政府的重任者,適為袁世凱。於是六國銀行團包圍勸誘,無所不至。美國因為這樣的干涉中國內政,是違反於美國的國是的,於是命令美國銀行團退出。而五國銀行團依然老實不客氣,於二年(一九一三)四月,成立大借款,總額二千五百萬磅,償還期限四十七年,以鹽稅為主擔保品,以海關稅為增擔保品,以

直隸、山東、河南、江蘇四省的分擔經費為臨時補充擔保品，此外還取得公債優先權。

這一批的大借款成立，在各個帝國主義者方面，自然高唱凱歌，不必多述。而在中國方面，除了外患侵入如水益深、如火益烈之外，還平添了國內無數危機。第一是大借款合同未得國會通過，開政府違犯約法、蔑視國會的惡例。第二是袁世凱得了這一批的大借款，遂用以和革命黨宣戰，以造成帝制自為的張本、開政府媚外賣國的惡例。説起來，這銀行團真是害人不淺。最奇怪的，銀行團的成立起源於鐵路借款，而元年以後，由英國提議，銀行團所擔任的以政治借款為限，實業借款及鐵路借款皆為除外，各國便也一律贊成。這是什麼意思呢？帝國主義之目的在於經濟侵略，而經濟侵略的憑藉在於政治上優越的勢力。所以政治借款，各國必須共同行動，不得有所軒輊；其他借款，便可放鬆些，予各國以單獨自由行動啊。

以上所述，各國之投資於中國，論事業以鐵路為最大。而且因為投資鐵路，惹起三國、四國、六國、五國的銀行團，結果將鐵路借款變為政治借款。其關係重大，一至於此。此外還有幾件事實，也要附帶的説明，如左：

一是礦山采掘權。如煤礦、鐵礦等。此等權利，或隨同鐵路一齊斷送，或單獨斷送。

一是森林采伐權。如鴨綠江沿岸等處，將伐木權斷送給外人等等。

一是牧場權和漁業權。如俄國在北滿洲三姓等處，設立廣大之牧場等等。

以上幾種權利，不僅是經濟關係，伴著政治關係（如領事裁判權等等）的結果，往往與鐵路權利相同，成為各國割據的狀態。我們須要牢牢記著，不要被「開發天然富源是彼此均有利益」等話頭，蒙混過去。

　　還有一件最奇怪的事實，便是內河航行權，也於一八九八年，承認為外國船舶而開放。於是如揚子江等，自下游至上游，外國船舶如梭織一般。陸有鐵路、水有汽船，縱橫上下，無不如意。這樣的門戶開放，真真是特為中國而設的。試問世界各國有這樣的類例沒有？

　　以上所述種種權利，還是帝國主義者用強迫或欺騙的手段，向中國以條約、合同等等形式取得來的。還有些連條約、合同等等形式一概沒有，只是糊裏糊塗的便撈摸過來的。如郵政權等等，中國也沒過問，外國也就居之不疑。直至華盛頓會議，方纔承認撤消，還當作一件破天荒的大恩惠。這樣的糊塗賬，我們也沒甚麼說的，只可付之一歎了。

　　以上所述，各國投資於中國的事實，雖然在庚子之役以前已有萌芽，卻是於庚子之役以後方纔發達的。尤其於各國相互的關係協定以後，方纔以一日千里之勢而進行。而且進行之中，各國尤其注意於采用同一之步伐。這樣的緩進政策，自軍事上看來，固然是緩；自政治上、尤其是自經濟上看來，只怕比瓜分論極熾烈的時代，還要急激些啊。

　　各國對於中國，在這時代的特色，固然是投資事業。然分割政策，也並非絕對放棄。遇有機會，能不多費力，而又不致惹起各國彼此間的衝突，則亦未嘗不猛烈進行。例如民國元年（一九一二）八月，駐京英公使朱爾典[38]，突然對外交部提出照會，關於西藏問題，要求如左：

　　（一）英國政府不許中國干涉西藏之內政。

　　（二）英國政府反對中國官吏在西藏擅自行使政權；反對中國以西藏與內地各省同視。

　　（三）英國政府不願許可中國軍隊駐紮於西藏境內。

---

38 又譯作朱邇典 John Newell Jordan

（四）以上各項，與中國約定之後，英國可承認民國。

同時並要挾中國政府，如不承認，則英國自與西藏直接交涉。英國覬覦西藏，已非一日，至此野心盡露。最可恨的，是以此為英國承認民國之交換條件。民國何須他來承認？而且民族革命，以漢、滿、蒙、回、藏平等結合為職志。如果開國之初便斷送了西藏，又何貴乎有此民國？無如那時候的袁世凱，正想媚外自重，以摧鋤異己。於是和英國心心相照，竟於民國二年（一九一三）一月之後，承諾和英國正式交換文件，因以有同年十一月十三日之中、英、藏會議。翌年四月二十七日，便共同署名於條約草案及交換文書了。

英國對於西藏既用出這等手段，俄國對於蒙古也就照樣進行。民國元年（一九一二）九月，駐京俄公使赴庫倫與各汗王公會議，於十一月締結俄蒙協約，如左：

（一）俄國為使蒙古保持其自主權，及為使蒙古保持其拒絕中國軍隊暨中國人駐屯蒙古之權利，與蒙古以援助。

（二）蒙古政府對於俄國人與以商業並附屬議定書所列記之權利及特權。

（三）如蒙古政府與中國或其他之國有締結條約之必要，若不得俄國之同意，不得違背本協約及附屬議定書。

那時候袁世凱對於英國之西藏交涉，已如上頭所述，則對於俄國之蒙古交涉，豈能例外。於是有民國二年（一九一三）十一月五日之中俄宣言；及翌年九月，中、俄、蒙三國代表者會議於恰克圖；四年（一九一五）六月七日，中、俄、蒙協約二十二條成立；五年（一九一六）以後，俄國疲於對德作戰，沒有餘力顧及蒙古的事；六年（一九一七）以後，俄國革命。對外態度，方纔一變。

由此可知，各國當投資時代，並沒有拋棄瓜分的企圖。若不是民國三年（一九一四）秋間，歐洲忽然起了一場大戰，則中國今日情形，當又是另外一個樣子了。

四、由歐洲大戰開始以至華盛頓會議

歐洲大戰開始於民國三年（一九一四）秋間，至七年（一九一八）冬間，方纔停息。當大戰的開始，祇是同盟國方面（德、奧等國）和協商國方面（英、俄、法等國）對抗。其後兩方面，各自裹脅其他各國捲入漩渦，於是歐洲大戰變成世界大戰。在大戰期內，歐洲各國，救死不遑，自然沒有餘暇和餘力來顧到中國，於是日本便成了獨食者了。不但武人、政客，磨拳擦掌，現出涎流三尺的樣子。便是文人學者，也不斷的吶喊着：「快些快些，不要錯過千載一時的機會。」自然這樣機會，日本斷不會錯過的，試看下文。

（一）日本對德宣戰、破壞中國中立

當歐戰開始，中國政府如即刻和德國交涉，收回膠州灣租借地，或以兵力恢復之，未嘗不是先發制人的一個要著。只是那時候中國政府為袁世凱所盤踞，他那裏能有這些眼光和膽量呢？於是日本於八月二十三日向德國宣戰。他宣戰之目的，在攫取膠州灣租借地，和承繼德國在山東之一切權利，所不待言。日本在日俄戰爭後，依據一九〇五年九月的日俄講和條約，俄國放棄在朝鮮的勢力，並聲明旅順、大連灣租借地，及由長春至旅順、大連灣間之鐵道敷設及管理權，以中國承諾為條件，讓與於日本。日本隨於同年十二月，和中國訂立北京條約，強迫中國承諾以上的條件，並將朝鮮作為被保護國。不上幾年工夫，索性夷為屬地，在中國東北一帶，已算可以橫行無忌了。於今更進一步而攫取了德國所經營的膠州灣租借地，和承繼了德國在山東之一切權利。則日本在中國的勢力，不但席捲東北，直欲問鼎中原。所以日本之對德宣戰，其目的不僅在對付德國，而尤在對付中國。試觀其一面對德宣戰，一面破壞中國中立，便可以知其用心了。例如濰縣是在戰爭區域以外的，而日本卻於九月二十

五日派遣軍隊行抵該處、佔據車站；旋即沿膠濟鐵路，繼續前進，所至佔據車站；竟於十月六日，佔據濟南車站，並分兵騷擾旁近諸地。從前德國經營膠濟鐵路，並未駐屯軍隊；如今日本以佔領膠濟鐵路為名，趁勢派兵，深入山東省城。這樣的野蠻舉動，較之德國軍隊硬要通過比國[39]，豈不更甚？而中國政府依然吞聲忍受，於是日本更進一步，而為二十一條的要求了。

（二）日本要求二十一條

民國四年（一九一五）一月十八日，日本遣駐北京公使日置益，面遞二十一條要求於袁世凱。據確實的消息，日置益當時所對袁世凱說的是：「日本朝野上下，都以為貴大總統是排日的，常懷疑慮。如果貴大總統能答應這項要求，則日本甚盼望貴大總統高陞。」袁世凱聽了「高陞」兩字，自然心領神會。從此，表面文章的磋商了幾個月；到五月七日，日本便發最後通牒；九日，袁世凱便答應簽字了。

二十一條的內容分為五號：第一號，關於山東的，共四條；第二號，關於南滿洲、東部內蒙古的，共七條；第三號，關於漢冶萍公司的，共二條；第四號，關於沿岸港灣及島嶼的，一條；第五號，關於普遍的，共七條。其原案如左：

第一號　日本國政府及中國政府互願維持東亞全局之平和，並期將現在兩國友好善鄰之關係，益加鞏固。茲議定條款如左：

第一款　中國政府允諾，日後日本國政府擬向德國政府協定之所有德國關於山東省依據條約或其他關係對中國政府享有一切權利、利益、讓與等項處分，概行承認。

---

39 即比利時

第二款　中國政府允諾，凡山東省內並其沿海一帶土地及各島嶼，無論何項名目，概不讓與或租與他國。

第三款　中國政府允准，日本國建造由煙臺或龍口接連膠濟路線之鐵路。

第四款　中國政府允諾，為外人居住貿易起見，從速自開山東省內各主要城市作為商埠。其應開地方，另行協定。

第二號　日本國政府及中國政府，因中國向認日本國在南滿洲及東部內蒙古享有優越地位，茲議定條款如左：

第一款　兩訂約國互相約定，將旅順、大連租借期限，並南滿洲及安奉兩鐵路期限，均展至九十九年為期。

第二款　日本國臣民，在南滿洲及東部內蒙古，為蓋造商工業應用之房廠、或為耕作，可得其須要土地之租借權或所有權。

第三款　日本國臣民，得在南滿洲及東部內蒙古任便居住、往來，並經營商、工業等各項生意。

第四款　中國政府允，將在南滿洲及東部內蒙古各礦開采權許與日本臣民。至於擬開各礦，另行商訂。

第五款　中國政府應允，關於左開各項，先經日本國政府同意，而後辦理。一，在南滿洲及東部內蒙古允准他國人建造鐵路、或為建造鐵路，向他國借用款項之時；二，將南滿洲及東部內蒙古各項課稅作抵，向他國借款之時。

第六款　中國政府允諾，如中國政府在南滿洲及東部內蒙古聘用政治、財政、軍事各顧問教習，必須先向日本國政府商議。

第七款　中國政府允，將吉長鐵路管理、經營事宜委任日本國政府，其年限自本約畫押之日起，以九十九年為期。

第三號　日本國政府及中國政府，願於日本國資本家與漢冶萍公司現有密接關係，且願增進兩國共同利益，茲議定條約如左：

第一款　兩締約國互相約定，俟將來相當機會，將漢冶萍公司作為兩國合辦事業。並允，如未經日本國政府同意，所有屬於該公司一切權利產業，中國政府不得自行處分，亦不得使該公司任意處分。

第二款　中國政府允准，所有屬於漢冶萍公司各礦之附近礦山，如未經該公司同意，一概不准該公司以外之人開采。並允，此外，凡欲措辦，無論直接、間接對該公司恐有影響之舉，必須先經該公司同意。

第四號　日本國政府及中國政府，為切實保全中國領土之目的，蓋訂立專條如左：

中國政府允准，所有中國沿岸港灣及島嶼，概不讓與或租與他國。

第五號

第一款　在中國中央政府須聘用有力之日本人，充為政治、財政、軍事等項顧問。

第二款　所有在中國內地所設日本病院、寺院、學校等，概允其土地所有權。

第三款　由日本采辦一定數量之軍械，或在中國設立中、日合辦之軍械廠。聘用日本技師，並采買日本材料。

第四款　向來日、中兩國，屢起警察案件，以致釀成輵輠之事不少。因此須將必要地方之警察，作為中、日合辦；或在此等地方之警察官署，須聘用多數日本人，以資一面籌畫改良中國警察機關。

第五款　中國政府允，將接連武昌與九江、南昌路線之鐵路，及南昌、杭州，南昌、潮州各路線之鐵路建造權，許與日本國。

第六款　在福建省內籌辦鐵路、礦山及整頓海口（船廠在內）如需外國資本之時，先向日本國協議。

第七款　中國政府允許，日本國人在中國有布教之權。

以上五號，共二十一條。雖然彼此磋商結果，有所更改，但大體已經成立。最可恨的是，緊要條件不便於條約上公然答應，卻改作用照會聲明。如第二號的第六款和第三號，都是用這種手段來承認。

第五號各款，除關於福建的一款修改承認外，其餘各款，日本於發最後通牒之際，聲明脫離此次交涉，俟日後再商。

人人都知道中國若承認第五號各款，便等於宣告亡國。但祇就已承認者而論，山東是斷送了；南滿洲、東部內蒙古是斷送了；漢冶萍公司是斷送了；全國沿岸港灣及島嶼，與山東省內並其沿海一帶土地及各島嶼，以同一文字規定道「概不讓與或租與他國」。試檢一八九八年各國劃定勢力範圍的條約，便可知其意義所在。然則，全國沿岸港灣及島嶼也斷送了。這樣斷送國家生命的條約，日本將一紙最後通牒便輕輕的換過去。迴想一八九四年的中日戰爭，真是多費手腳。

　　然而，這條約，中國和中國人民自始至終何嘗承認過呢？這不過是袁世凱和日本的私相授受，中國和中國人民是沒有關係的。就法理上說，這條約並未經國會通過，當然不能發生效力；就事實上論，那時候的袁世凱，早已成了中華民國的罪人。他的行為，沒有代表國家的效力。而且那時候，全國人民對於日本深惡痛絕，如發起救國儲金團，及對於日本經濟絕交等事，都足以表出中國人民的意嚮所在。故此，我仍敢說道，二十一條，中國和中國人民始終沒有承認的。

（三）日本之借款及軍事協定

　　日本和袁世凱私相授受的結果，日本得了二十一條，自然袁世凱便也得了「高陞」了。然而，民國五年，依然繼續；洪憲元年，忽然夭折。袁世凱的生命，也就做了「高陞」的犧牲。於是日本不得不手忙腳亂的，用盡種種的方法，來保持二十一條，俾不致於失墜了。統計他所用的方法，約有二端：一是對於各國的，一是對於中國的。

　　對於各國是怎樣呢？

　　日本於民國五年（一九一六）七月三日，和俄國訂立新協約，內容是，（一）日本不加入敵對俄國之政治協定或團體，俄國不加入敵對日本之政治協定或團體。（二）如值「締盟國之一造，所有在遠東之一切領土權利及特殊利益為彼造所承認者」見侵逼時，日、俄兩國當商「相互關於幫同防護此等權利、利益」應取之手段。這也可算得道明目張膽了，誰知同時還有一密約，認定於中國排除敵視日、俄之第三國勢力，為日、俄兩國利益而承認達此目的之共同行動。如值第三國取敵對行動，日、俄兩國相約一致動作，講和亦共同行之。這新協約和密約，一方面是日、俄兩國承認及保護在中國所得的利權，一方面是日、俄兩國互相約束，以防制第三國之嫉妒行動。他所防制的，祇是第三國；至於中國，久已不在他的眼裏了。

　　及至民國六年（一九一七）二月以後，中國有一部分人主張和美國一致、對德絕交、馴致對德宣戰。其用意所在雖不一端，而比較近理的，是想借助美國來抵抗日本。其實這已是無聊之極思，宛如溺人在海裏拾著一條水草，便當做救生帶一般。然而，在日本看來，已是大逆不道了。於是請求英國，以同意於日本之處分山東，為日本容許中國參戰之交換條件。英國在那時候，正渴望中國參戰，便只得慌忙的答應道：「日本政府請求英國政府，將來在平和會議，關於山東之德國權利之處分及關於赤道以北諸島之領土，英國當維持日本之所要求，並於此時與以保障。英國政府，欣然承諾。」日本既得了英國的答應，便挨次向法、俄、意三國一樣的請求保障。俄國不用説，法、意兩國見英、俄已經答應，便也一樣的答應了。於同年五月，一切公文，交換停當。日本於是一變其阻止中國參戰之態度，而為容許中國參戰了。日本的處心積慮，細密如此，可驚不可驚呢？

　　日本對於各國如此，對於中國又怎樣呢？

　　中國自從二十一條以後，紀念國恥，且夕不忘，日本是知道的；而中國一部分人主張參戰的用心，日本又已知道。所以日本在這時候，看着中國，宛如將死的蛇一樣——除了重重的一棍將他打死，是不免復活的。既向各國安排妥當，使各國對於山東處分，一致保障，便開始對於中國攔頭一棍了。他從前曾經諷示中國政府，對德絕交宣戰，要慎重從事；又曾諷示中國政府，如要對德絕交宣戰，須得日本允許。至此卻慨然的道：「你要參戰，借款和供給軍械，都來問我。」噫！這一來，中國一部分人主張「對外宣而不戰，對內戰而不宣」的，正中下懷。而那一部分人主張參戰之原來目的，不但失了作用，並且適得其反了。參戰不惟不能借助美國以抵抗日本，反成了日本侵略中國的工具了。借款及軍事協定，便滔滔進行了。「將計就計」、「以子之矛，攻子之盾」，日本正用的是這一著。而中國卻偏偏的中計，可痛不可痛呢？

　　就借款來說，由參戰起至歐洲停戰止，中國何嘗出過一兵呢？而除了民國七年（一九一八）七月的參戰借款二千萬元之外，還有同年九月的滿、蒙四鐵路借款和山東兩鐵路借款。所謂滿、蒙四鐵路，（一）開原、海龍、吉林間，（二）長春、洮南間，（三）洮南、熱河間，（四）由洮南、熱河間之一地點，達於海港間，共長一千餘里，借款二千萬元；所謂山東兩鐵路，（一）濟南、順德40間，（二）高密、徐州間，共長四百餘里，借款亦二千萬元。其他如軍械借款以及零星借款，不可悉計。

　　就軍事協定來說，由參戰起至歐洲停戰止，德國何從飛渡一兵至中國呢？而民國七年（一九一八）五月的陸軍軍事協定和海軍軍事協定，相繼成立；當時嚴守秘密，至民國八年（一九一九）三月方才公布。是否當時秘密文件之約，已不可知。就其所公布者看來，是藉口於防備德國的勢力，由俄國蔓延，以至中國。其實當時德國方在歐洲悉力苦戰，有何餘力顧及遠東？這真是不值一笑的。而協定內容，竟至許容日本軍隊駐屯中國境內，還又訂明關於共同防敵所需之軍械及軍需品並其原料，兩國相互供給。相互兩字，真說得肉麻。老實的一句話，二十一條的第五號第三款，當時最後通牒所稱為俟日後再商的，如今已實行了。

　　有人說道「中國若沒有內亂，參戰或不致有名無實。」殊不知當日本擔任借款和供給軍械的時候，參戰早已有名無實，另成了對外宣而不戰，對內戰而不宣的局面。日本一方面破壞中國參戰的原來目的，一方面煽動中國的內亂。這種嶄新的侵略手段，真是日本軍閥政客的一大發明。當時若沒有西南半壁，苦苦撐持，以反抗日本的侵略行動，中國的生命定然葬送於日本悶棍之下。

---

40 指順德府，即今邢台市

（四）日本之於巴黎和會

日本對於中國之單獨侵略行動，既然因歐戰而開始，則歐戰結束的時候，便也是日本單獨侵略行動停止的時候，這是當然的理論和事勢。所以當民國七年（一九一八）十一月歐戰告終，巴黎和會將開的時候，久困於日本侵略的中國人民，都以為這是中國轉危為安的一個機會。於是全國以內有知識、有血氣的人民，都集注視線於巴黎和會，尤其集注視線於中國專使團在巴黎和會的行動。

中國所提出於巴黎和會的是什麼呢？

（一）以參戰國的資格，主張收回德國在山東之一切權利及利益，及收回膠州灣租借地。這名是對於德國，實對於日本。故此歷述日本當對德宣戰時，破壞中國中立之事實；和日本在沿膠濟鐵路之橫暴行動；以及二十一條之簽字，出於強迫。以期動各國之視聽，而得其同情。

（二）以公道和正義為根據，對於各國，提出希望條件。其內容為：舍棄勢力範圍；撤退外國軍隊巡警；裁撤外國郵局及有線、無線電報機關；裁撤領事裁判權；歸還租借地；歸還租界；及關稅自由權。

以上諸項，都是關係中國生死存亡的，僅僅說是希望，已經可憐。所用的文字、語氣，力求雅馴，不失縉紳風度，尤其是可憐之至。

巴黎和會對於中國所提出的是怎樣的決定呢？

（一）對德和約中，第一百五十六條至第一百五十八條明白規定，德國依據一八九八年三月六日和中國締結的條約，及關於山東省的其他一切之協定，而取得之權利及特權之全部，為日本而放棄之。德國在膠州灣的國有動產及不動產，和德國關於該處直接、間接的各種建設或改良，以及因為負擔費用而得以主張之一切之權，都無償、無條件的，由日本取得、保持之。德國須於

本條約實施後三個月內，將膠州灣地域內，關於民政、軍政、財政、司法及其他一切記錄、登記簿、圖面、證書以及各樣文書，都交割於日本。

（二）以和會議長法國首相克里蒙梭[41]的名義，對於中國希望條件，給中國專使團一封回信，説道「本會議充量承認此項問題之重要，但不能認為在平和會議權限以內，擬請俟萬國聯合會行政部能行使職權時，請其注意。」

以上便是民國八年（一九一九）五月，中國在巴黎和會中所得的結果。中國何以會得著這樣的結果呢？這裏頭有幾個原因。

一是關於各國的。在歐戰中，協商國方面所唱道的什麼正義、人道，都是一種瞞人耳目的假文章。我不敢説各國的人民沒有真是主張正義與人道的，至少當時各國的政府完全還是正義與人道的公敵。他們對內，正想乘著戰勝的榮耀來眩惑國民，使之向後倒退，歸於腐敗保守的原位；對外，正想以甲帝國主義完全打倒乙帝國主義，以領受他的遺產。似這種的思想，如何能容得中國希望條件實現呢？至對於日本和中國，拿他們的勢利眼光來看，何至於為一個弱小國來得罪一個強大國？就算沒有民國六年（一九一七）五月日本和英、法、意各國關於山東處分之約束，他們也自然左袒日本的。

一是關於美國的。威爾遜的十四條，當發布之始，竟能使一般弱小民族仰首微呻，含了無限的希望。誰知到了巴黎之後，和各國的專使一混，昏頭塌腦的，將十四條忘記得一條不賸了。對於一般弱小民族如此，對於中國何獨不然。所以中國的希望條件，是不會記在他心上的。至於他對於日本，因為美國和日本利害衝突的原故，他還沒有忘記。初到巴黎的時候，和克里蒙梭商量，西方德意志已打倒了，如今還要打倒東方的德意志（日本）。克里蒙梭回答他道，法國如今打得筋疲力盡，除了戰後休息和永遠的拴縛住德國，其他不

---

41 又譯作克里孟梭 Georges Benjamin Clemenceau

暇過問。他碰了這個冷釘子，再和英國首相路易・喬治[42]商量。路易・喬治卻大表同意，他高興得了不得。誰知路易・喬治祇於借此買他歡心，好等他在和會幫英國的忙。其他一切，皆可拉倒。日本和英、法、意所秘密締結的關於山東處分的約束，他還在睡裏、夢裏。及至知道的時候，也只好假裝糊塗。聽說他還勸中國專使團，以簽字於對德和約為有利呢。

一是關於日本的。日本自知在歐戰期內，所攫得於中國的權利太多了，各國必然嫉妒的。好在這時候各國方忙於對德、對奧、對土耳其，還沒有閒工夫來和日本算賬。而且關於山東處分，早已得著英、法、意等國的承諾。有了這般把柄，只對付一個美國，就覺得容易了。

一是關於中國的。對外宣而不戰，對內戰而不宣的結果，在和會裏自然要討沒趣。而且二十一條雖然可說由於強迫，而滿、蒙四鐵路、山東兩鐵路的換文，都有欣然同意的字樣。這不但要討沒趣，直頭要討侮辱了。

以上種種，都是中國在巴黎和會失敗的原因。在這時候，差強人意的是五月四日北京學生的運動，接著全國學生的運動。揭著「內除家賊」、「外保國權」的旗幟，以後逐漸凝成「打倒軍閥」、「打倒帝國主義」的口號，為國民革命指出一條道路。而對德和約簽字之際，中國專使團鑑於國內學生的激昂，和巴黎中國留學生的憤怒，也就順從民意、拒絕簽字。這可算得是自鴉片戰爭以來，中國對於帝國主義的一種消極抵抗的態度，值得稱許的。

（五）日本之於新銀行團

與巴黎和會同時，尚有一件重大的事，便是各國銀行代表者在巴黎開會，決議對於中國之借款方法，這是新銀行團成立之起點。本來，美國銀行團於民國二年（一九一三）已經退出六國銀行團的團體，歐戰以後英、俄、德、

---

42 又譯作勞萊佐治 David Lloyd George

法四國又都已無力他顧，所以實際上只賸日本一國單獨的借款於中國了。民國六年（一九一七）八月，已成立了第一回的前貸金契約，金額為一千萬元；民國七年（一九一八）一月，又成立了第二回的前貸金契約，金額也是一千萬元。美國看見日本如此的自由行動，不得不於同年十月，發起美、日、英、法四國的新銀行團了。那時候美國財力最富，英、法都仰其供給，自然一惟美國的馬首是瞻，日本豈有不知道的。所以民國八年（一九一九）五月，各國銀行代表者在巴黎開會之後，日本銀行團代表者便向美國銀行團代表者，提議滿、蒙除外。所謂滿、蒙除外是什麼呢？便是於日本有特殊利益之滿、蒙地方，應該除出於新銀行團範圍之外。換句話說，滿、蒙地方，應該還讓日本獨食。美國自然也就針鋒相對的，不肯退讓。直至民國九年（一九二○）五月，日本銀行團代表者向美國銀行團代表者，表明撤回去年六月滿、蒙除外之提議，以無條件加入新銀行團。於是同年十月，四國銀行團代表者在紐約開會，議決新銀行團的規約。這一番交涉，在日本實是苦不堪言。較之歐戰期內的極端自由，真真相形見絀。

然而，日本的讓步，畢竟也還不多。試舉出如下：（一）南滿洲鐵道，及其現在之支線，和該鐵道附帶事業，如礦山等，不屬於四國銀行團之範圍。（二）洮南、熱河鐵道，及由洮南、熱河鐵路之一地點至於海港之鐵道，包含於四國銀行團規約之條項內。（三）吉林、會甯間，鄭家屯、洮南間，長春、洮南間，開原、海龍、吉林間，吉林、長春間，新民屯、奉天間，及四平街、鄭家屯諸鐵道，在四國銀行團之共同活動之範圍外。由此看來，日本所讓步的，僅是第二項，其他依然如故。在美、英、法三國方面，民國八年五月在巴黎所決議的「關於一切企業，尤其是鐵道，應認是為不可分之共同事業，不宜以部分的而處理之」，究未完全達到。我們把新銀行團的成立經過，仔細考量。於美、英、法之繼續經營投資之用心，和日本據滿、蒙為己有之用心，都可以看出來了。

五、由華盛頓會議以至今日

如上所述，各國在歐戰期內，以及巴黎和會前後，都還不能抑制日本對於中國之單獨侵略行動，這是各國所不能甘心的。帝國主義的國家，為公道、正義，固然不肯出力；為自己的利益，卻不能不出力的。所以民國十年（一九二一）十一月，便由美國發起所謂華盛頓會議了。

華盛頓會議，由美國發起。參與會議者，為美、比、英、法、意、日本、荷蘭、葡萄牙及中國，共九個國。這會議所討論決定的，不祇關於中國的事。然關於中國的事，卻也是這會議中的重要部分。有人說道：「美國上院既拒絕批准巴黎和會所締結的和約，故此另開這會議，以為中國幫忙。」這可算是完全看錯了。這會議的精神和目的，不是以「公道」與「正義」為根據，祇是以各國自己的利益為根據；不是幫中國的忙，祇是抑制日本在歐戰期內對於中國之單獨急進的侵略政策，而復歸於歐戰以前各國對於中國之共同緩進的侵略政策。不但這樣，歐戰期內，各國所受競爭的教訓也不少了，所以覺得，彼此衝突的原因，更要避開；而共同行動，更要密切。所以這會議的結果，使各國對於中國之經濟侵略，更入於共同行動的軌道。何以見得呢？請看這會議的結果。

中國對於這會議的希望，以為在巴黎和會所得不到的要求，至此可以相償。然而會議的結果，卻把中國自巴黎和會以來所始終堅持的「反對中、日直接交涉」的主張，完全拋棄。還要掩飾其詞道「英、美諸國，居中紹介」，其實不過是從旁逼迫罷了。須知道膠州灣租借地的交還，日本早已於要求二十一條約時候提出照會。日本明知道膠州灣租借地，日本雖然權時佔領，萬無不交還之理。卻偏要將交還的照會，和二十一條的要求，同時提出。他的照會原文是「日本國政府於現下戰役終結後、膠州灣租借地全然委於日本國自由處分之時，以左記條件之下，還付該租借地於中國。」中國因為不承認二十一條，並不承認此照會。且以參戰國的資格，主張在巴黎和會，直向德國收回膠州灣租借地等等。如今既逼迫著和日本直接交涉，那便是承認日本在巴黎和約裏已

取得了德國的權利，再由日本交還中國了。這不但和中國拒絕簽字於巴黎和約的初心，大相刺謬，便是於美國上院拒絕批准巴黎和約的理由，也令人難解了。

還有一層，日本於巴黎和約承認日本取得德國權利之後，志得意滿，於民國九年（一九二〇）一月，向中國政府提出正式公文，以巴黎和約為二十一條之保障，而以交還膠州灣租借地的照會為二十一條之交換品，以要求中、日直接交涉。中國若承認直接交涉，不但無異承認巴黎和約，而且無異承認當時的照會和二十一條。所以日本全權於民國十一年（一九二二）二月二日，在華盛頓會議極東總委員會裏，很得意的說道：「無論何國，以領土權或其他重大之權利，讓與他國時，固然不可不躊躇。但既經一度由條約而讓與，則無廢棄之理由。故二十一條，當維持如舊。」這種論調，日本固然得意，中國只有痛心。所以這次交涉，中國在二十一條的解釋上、和交還膠州灣租借地的條件上和手續上，雖略得了些便宜；而承認全國所拒絕的巴黎和約，甚至承認全國所痛心疾首、引為國恥的二十一條，卻真真是莫大的損失和恥辱。各國何以逼迫著中國這樣的做法？因為各國的本意，祇要日本嘔出些已吞下去的權利，以平各國的嫉妬、彌各國的缺望。至於正義咧、公道咧、幫助中國咧，完全沒有這一回事。

對於中、日交涉，華盛頓會議的結果，不過如此。至於中國的希望條件，在巴黎會議，只向萬國聯合會一推；而在華盛頓會議，卻還討論了一些。其中如取消勢力範圍問題，諉為已成往事；如撤退外國軍警問題，落得一個授權於各國駐在北京外交代表，並保留各國承認或拒絕的自由；如裁撤外國郵電問題，僅僅承認取銷在中國的郵政代辦所，但租借地或條約特別規定的，仍在例外。這已經是敷衍辦法了。最令中國失望的，莫過於歸還租界、歸還租借地、取消領事裁判權、收回關稅權四項，這四項都是中國生死存亡所繫的：

歸還租界一項，絕對的叫做不消提起。

歸回租借地一項，日本老實的說，膠州灣早已決定交還的，旅順、大連灣休想；英國老實的說，威海衛可以交還，九龍休想，其實後來威海衛還是落空；法國對於廣州灣的交還，含含糊糊的，便拉倒了。

取消領事權一項，諉之於各國政府所組織之委員會，考察一切，再定漸進或其他的方法。中國代表團請各國定一取消領事裁判權的日期，結果仍舊一個扯淡。似此空空洞洞的話頭，我們在一九〇二年九月五日中英條約第十二條裏已見慣了。何取乎要這一回會議呢？

收回關稅權一項，更是豈有此理。中國代表團所提出的辦法，既聲明不變更現在的海關行政（即是照舊用外國人代辦），又主張用漸進的方法來達到關稅自主的地步，這已是我們國民所不能承認的。誰知各國還聽不入耳，一面說著尊重中國主權獨立及行政完全，一面卻要為中國代訂關稅。這是何等的言不顧行？中國既不能爭回關稅自主權，不能撤消關稅協定，便是中國的主張失敗。至於裁釐、加稅等話頭，我們在馬凱條約裏已見慣了。便是裁釐以後，實行加稅，至值百抽十二點五，也無非是些枝節。何況連這些枝節，也向特別關稅會議一推呢？

如此說來，中國的希望條件，究竟得著了些什麼？須知道外國行政地域如租界、如租借地等，以及領事裁判權，和關稅協定，正是帝國主義者對於中國所挾持的利器、正是所謂在中國取得政治上優越的勢力以施行經濟侵略的重要條件。與虎謀皮，中國也可廢然思反了。

綜觀華盛頓會議，中國所得，真真是不償所失。最可恨的是，中國所要得的，是廢除不平等條約，以恢復國家的平等與自由。而華盛頓會議的結果，中國的不平等條約，依然如故，而且各國原有之讓與權、專佔權、經濟優先權，反因九國條約，而得了一番正式承認。中國是九個國裏頭的一個，中國是自己制限自己，各國卻是自己保障自己，和互相的保障了。這一個當，真真是上得不小，而中國還有些人說道「中國總算得些便宜」。我從前看見英國一

張滑稽諷刺畫，畫一個中國人，被一個外國人揪著辮子、按在地上，而中國人卻偷眼把外國人衣袋裏漏出來的有孔錢，摸了過去、攥在手內。唉，這便是華盛頓會議裏中國的寫照。唉，這不但可惜，而且可惡。

自從華盛頓會議之後，中國脫離了日本的單獨急進的侵略政策，而復歸於各國的共同緩進的侵略政策。於是凡遇著中國的問題，各國都是共同一致的來對付中國。

舉例來說，民國十二年（一九二三）的臨城案，本沒有十分大事。土匪劫去的外國人祇二十餘，而劫去的中國人共一百餘。不見中國人的命格外比外國人賤、也不見得外國的鐵路上便沒有土匪出沒的事情，然而英、美、法、日、意等國公使，便立即向北京政府嚴厲質問。一時使館的消息，和商會的議論，以及外國報紙的紀載，什麼監督財政唎、全國水陸交通要隘派外兵駐防唎、援庚子例援軍入華唎、各鐵路由外人辦理警務唎，要說便說。隨後外交團提出正式要求，一是每人賠償八千五百元；二是特別編制護路警隊，管轄於外國軍官之下；三是山東督軍田中玉以下均免職。及至曹錕賄選成功，想求公使團承認，公使團便要挾，以應允臨城案要求，為交換條件。曹錕便連忙答應，祇於將第二項略為修改。似這樣的尋常劫案，卻共同一致的，拿出這些手段。

又如同年三月間，駐泊長江之英、美、日本各國海軍軍艦，聯合開會，討論組織長江聯合艦隊特別警備方法。至八月，日、美兩國海軍司令繼續提議，並由美國海軍司令代表各國到北京和公使團接洽。這般的封鎖中國內河的野心，早已將華盛頓會議對於撤退外國軍警問題的真意，完全暴露出來了。

又如同年冬間，廣州政府主張廣東海關關餘，應歸廣州政府所有。不應交付北京政府，俾得取以為侵犯廣州政府之用。理由本極正當，乃駐京英公使據廣州總領事及海關稅務司的報告，遂請北京外交團，調遣六國軍艦二十隻，進泊廣州城外之白鵝潭，向廣州政府加以恫嚇。

又如民國十三年（一九二四）夏間，廣州商團蓄意作亂，先向英國秘密訂購軍械，英國便也秘密售與，而且所過口岸，概不檢查。及至運械入廣州政府所轄境內，為廣州政府查辦，商團仗著英國，向廣州政府，公然反抗。而英國駐廣州總領事，便也公然致類似哀的美敦書的公文於廣州政府，稱廣州政府如果攻擊商團，英國海軍便發砲攻擊廣州政府。似此蠻橫無理、干涉中國內政，各國對之都不開口。

又如同年冬間，上海日本紗廠工人，因不堪資本家的虐待、和工人的窮困無告，相約罷工。租界各捕房，同心合力的拿捕工人、盡法懲治，同時對於主張公道的報館，也做出蹂躪出版自由，和拘傳主筆的酷烈手段。

又如同年冬間，因中國人民有廢除不平等條約的運動，北京外交團一致行動，向著臨時執政，以尊重不平等條約為承認臨時執政之交換條件。諸如此類，指不勝屈。尤其以摧殘中國新發生的國民運動、和農工團體要求解放的運動，為其特色。

我們仔細觀察之後，可以下一斷語道，由華盛頓會議以至於今日之時代，各國對於中國所用的侵略政策，比之由庚子聯軍之役以至於歐洲大戰開始之時代，更進一步。因為他們的注意點，專在於干涉內政，禁止中國民族的復興。我們若不能與以充分的抵抗，中國的存在，便無望了！

第四、中國國民革命抵抗帝國主義

當鴉片戰爭開始的時候，中國人民對於帝國主義的認識，雖然還沒有真切；然而抵抗帝國主義的意志和感情，卻極其強固、極其熱烈的。回顧當時，兩廣總督林則徐，督同人民，嚴守虎門一帶。英國的海陸軍見廣東有備，計不得逞，遂分兵侵擾廈門、定海，以至大沽。糊塗的滿洲政府，不去嚴飭兵備，反歸咎於敵不敢犯的林則徐。換一班糊塗蟲如琦善等，來應付英國，以致一敗塗地。

然其後英國要求入廣州省城之役，英國的兵艦已闖入省河，要拘留兩廣總督（渾稱薯莨頭的徐廣縉）為質。廣州附近諸鄉團練，先後至者逾十萬人，夾屯兩岸，呼聲震天。英人惶懼，不敢復言入城事，並請仍修舊好。假使當時徐廣縉和廣東巡撫（渾稱大冬葉的葉名琛），能團結兩廣人民，實行防備，英法聯軍之役，未必就這樣得志；縱使得志，也沒有這般容易。

太平天國之役，曾國藩、李鴻章一班人，雖然借助英國以打倒太平天國；然而太平天國寧可敗亡，不求助於外國的強毅精神，也還沒有失卻中國民族的本色。

自從中法戰爭之後，孫逸仙先生便從事於國民革命的運動。及中日戰爭之翌年，孫先生便起第一次革命軍於廣州。從此中國的國民革命運動，便有了統率的領袖，和指引的導師了。孫先生的國民革命運動，就一方面說，是革滿洲政府的命，以求國內各民族的自由平等；就一方面說，是革帝國主義的命，以求中國的自由平等。只看他從事革命運動，起於中法戰爭之後；第一次革命軍，起於中日戰爭之後，便可以明白了。

庚子之役，北方數省的義和拳，因憤恨各國的侵略而起反抗。他的動機是不錯的，可惜所用的方法是以拳頭敵機關槍，未免太拙劣了。同時又建了什麼扶清的旗幟，足使國民革命運動為之迷惑。所以孫先生便起第二次革命於惠州，使國民革命運動的意義，更為明顯。

自經第二次革命軍之役，國內外的會黨團體和智識階級，逐漸加入國民革命運動。至日俄戰爭時候，國民革命的團體已遍於十七行省。自此之後，不斷的和滿洲政府奮鬥，卒以造成辛亥革命。當時雖因顧慮滿洲政府，又效借助英國以打倒太平天國的故智，未敢公然宣布廢棄鴉片戰爭以來一切不平等條約，以防止各國之扶助滿洲政府。然而孫先生於民國元年（一九一二）就職臨時大總統之際，曾宣言「當盡文明國應盡之義務，以享文明國應享之權利」。他的推翻片面義務的條約之決心，已明白的表現出來了。

清帝退位、民國統一之後，孫先生便專心致志於抵抗帝國主義，以期完成國民革命的事業。所以他在上海外國人歡迎會的演說，主張收回租界；接着又發表他的鐵路政策。於是帝國主義者，曉然於孫先生的用心，不是僅欲取滿洲政府而代之，乃是欲排除帝國主義在中國之勢力，以樹立平等、自由之中華民國。於是帝國主義者認定孫先生是他們前途的障礙物，以後便盡力破壞，無所不至了。

中華民國剛纔產生，六國銀行團便告成立。六國一齊出其辣手，以扼住此新產生的嬰兒之咽喉。接着於民國二年借款二千五百萬磅於袁世凱，供其反革命之用，這是帝國主義者破壞國民革命運動的第一次成功。

民國六年以後，日本對於北京政府，不斷的供給借款及軍械，以資其掃除革命黨之用。這是帝國主義者破壞國民革命運動的第二次成功。

民國十二年以後，英國為首、各國為從，派遣軍艦在廣東省河，為種種示威運動，以脅迫廣州政府。同時英國並唆使商團，資以軍械，使之反抗廣州政府。這是帝國主義者破壞國民革命運動的第三次成功。

然而帝國主義者的成功，都是假的。何以見得呢？

一方面，國民革命運動的領袖和導師孫先生對於帝國主義者，始終奮鬥。從民國六年他在廣州組織軍政府以後，以至於民國十四年（一九二五）他在北京身死，他始終沒有借過一文的帝國主義者的外債、沒有要過毫釐絲忽的帝國主義者的助力，而且隨時隨地都表示出他抵抗帝國主義之目的和精神；臨到他身死的三個月前，他還提倡開國民會議，廢除不平等條約。他的宣言，普及於中國國民的心目之間；臨到他身死的前一日，他還囑咐他的同志，最近主張開國民會議及廢除不平等條約，尤須於最短期間促其實現。他始終沒有放鬆了抵抗帝國主義的使命。

　　一方面，全國內外加入國民革命運動的，一日多一日。五四運動以後，「打倒軍閥、打倒帝國主義」的口號，傳遍於全國內外。尤其是學生、農夫、工人等，感受最切、認識最深，都已知道帝國主義和國民革命是不能並立的了。這樣看來，是帝國主義成功的終結呀？還是帝國主義失敗的開始呢？

　　當中國國民革命運動抵抗帝國主義最激烈的時候，忽然來了一個極有力的聲援，便是俄國革命。俄羅斯帝國，本是對於中國急進侵略的一員猛將。自從日俄戰後，雖然其鋒稍殺，然侵略政策，仍舊不斷進行。例如加入六國銀行團，以及和日本締結種種協商和密約，都是上頭已經說過的。還有民國以來，用種種方法，勾結外蒙古脫離民國，和英國對於西藏，真是並駕齊驅。歐戰以後，因為屢戰屢敗，才沒有餘力在中國北部興妖作怪。及至民國六年（一九一七）俄國革命之後，對內將君主專制政體，摧毀無餘；對外不但拋棄了自己向來的帝國主義，而且還反對他國同樣的帝國主義。及至革命基礎穩固以後，更進一步，向於世界上受帝國主義壓迫的國家和民族來抱不平，要幫助他抵抗帝國主義、解除壓迫，以恢復平等、自由的地位。對於中國已屢屢表示這番意思，卒于民國十三年（一九二四）夏間，和中國締結中俄協定。今試將這協定的重要內容，列出如左：

　　第三條　兩締約國政府同意，在前條所定會議中，將中國政府與前俄帝國政府所訂立之一切公約、條約、協定、議定書及合同等項，概行廢止。另本平等、相互、公平三原則，暨一九一九與一九二〇兩年蘇聯政府各宣言之精神，重訂條約、協約、協定等項。

　　第四條　蘇聯政府根據其政策，及一九一九與一九二〇兩年宣言，聲明前俄帝國政府與第三者所訂立之一切條約協定等項，有妨礙中國主權及利益者，概為無效。締約兩國政府聲明，嗣後無論何方政府，不訂立有損害對方締約國主權及利益之條約及協定。

以上兩條，是這協定的原則。一方面將以前和中國所締結的不平等條約，完全廢止，一方面重新締結平等條約。此外還有列舉的幾條，都是根據著原則而來的。列出如左：

第十條　蘇聯政府允予，拋棄前俄政府在中國境內，任何地方根據各種公約、條約、協定等所得之一切租界等等之特權及特許。

第十一條　蘇聯政府允予，拋棄俄國部分之庚子賠款。

第十二條　蘇聯政府允諾，取消治外法權及領事裁判權。

第十三條　兩締約國政府允，在本協定第二條所定之會議中，訂立商約時，將兩締約國關稅則，采取平等、相互主義，同時協定。

以上幾條，都是從前不平等條約中的重要內容，故此特別的列舉出來，宣告廢止。此外，如關於中東鐵路（即從前的東清鐵路）、關於外蒙古所定辦法，都是和原則精神沒有歧異的。

蘇聯政府所以和中國締結這協定，完全因為要貫徹他革命的宗旨。清楚明白，沒有疑義。我們試將這協定和鴉片戰爭以來的條約相比較，再將這協定和華盛頓會議的議決案相比較，便可以立刻看出，那個是實行帝國主義、那個是實行革命；那個是對於中國實行侵略政策，那個是對於中國實行平等互助政策了。

最可惡的，有些輕嘴薄舌的人說道：「蘇俄自革命後，國力已不如前。橫豎不能維持在中國的霸權，索性做個人情。」這些話不但輕薄，而且糊塗。慢講蘇俄國力，現時比從前更為強盛；即使蘇俄國力，果不如前，他至少也可援利益均霑的例，與各國一樣的享受不平等條約的權利。荷蘭、西班牙、葡萄牙等國，他的國力何能以霸權施之中國？為什麼他也能在中國享受不平等條約的權利呢？從來強盜成夥，帝國主義者創出利益均霑的例，便是這個意思。蘇俄入夥，各國定然歡迎；各國正因為他不入夥，恨他至於刺骨呢。若謂

蘇俄急於求中國的承認，蘇俄或者果有此心。但他若要維持不平等條約的權利，只消向各國入夥，不怕各國不爭先恐後的包圍中國。要承認蘇俄，他又何必將從前帝國力征、經營幾十年所獲得的特權及特許，一齊拋卻，以換得中國的承認呢？從來輕薄的話，必是糊塗。他自以為伶俐聰明，其實入在糊塗蟲裏面。如以上的話，便是一例了。

還有些人說道：「蘇俄這般舉動，便是過激主義之一端。」哼！過激主義，原來是這樣解釋的，無怪乎各國對於中國國民廢除不平等條約的運動，目為過激主義了。鴉片戰爭以來，一切不平等條約，不算過激主義；這樣雙方平等、互尊主權的中俄協定，卻算過激主義。怪道中國真是生成的命，要永遠做帝國主義的奴隸麼？我寫到這裏，忽然想起民國元年（一九一二）四月袁世凱在參議院的宣言內，中有幾句話道：「邇來外人對我態度，類皆平和、中正，藉示贊助之誠。固徵世界之文明，更感友邦之睦誼。凡我國民，務當深明此義，以開誠布公、鞏固邦交為重。凡從前締結之條約，均切實遵守；其已締結而未辦之事，迅速舉辦。」哼，這纔是反過激主義。這種宣言，北京政府果然切實遵守，以至今日。所以帝國主義者同聲歡呼道「不平等條約萬歲！」

只是，中國國民決不會為過激主義所駭倒，而不會拭眼細看，誰是維持不平等條約、誰是廢除不平等條約的。所以自中俄協定以後，中國國民革命運動更加激烈。孫先生遺囑說得好——「喚起民眾及聯合世界上以平等待我之民族，共同奮鬥。」這是國民革命成功的不二法門。

「打倒帝國主義」與「打倒軍閥」已成了國民革命運動的口號，而打倒帝國主義，較之打倒軍閥，尤為根本之根本。因為最近歷史上種種事實，已證明軍閥賴帝國主義而生存，軍閥不過為帝國主義之傀儡；帝國主義不能打倒，軍閥決不會打倒。即使打倒，一個傀儡下去、第二個傀儡又上來。反之，帝國主義打倒了，軍閥自然也就打倒了。所以打倒帝國主義，為國民革命一切根本之根本；而廢除不平等條約，便是打倒帝國主義的最大工作。

　　有些人說道：「以現時中國的國力，要打倒一國的帝國主義，尚做不到，何況要打倒各國的帝國主義呢？這不是義和團第二麼？」我們誠實正當的答道，義和團是排外的；國民革命不是排外，祇是打倒帝國主義。如果各國能自動的將帝國主義廢止，那麼便是我們最親愛、敬重的朋友了。方平等、互助之不暇，還有什麼外可排呢？現時各國雖都是帝國主義的政府，卻不都是帝國主義的國民。帝國主義的流毒，直接受之者是中國國民、間接受之者是各國國民，只看經濟現象便可明白。故此，各國國民打倒帝國主義的心事，較之中國國民，不相上下。中國國民如果和他們通力合作，以打倒帝國主義，正是各國國民所切望的。因為帝國主義打倒以後，受其益的不但是中國國民，便是各國國民也同受其益。然則，國民革命所引為對象的，祇是各國帝國主義的政府。以中國國民的力量、合之各國國民的力量來打倒他，有何做不到呢。

　　又有些人說道：「從來對外問題，是要內力充實之後，方纔可以解決。如今中國所需要的是充實內力，如整理財政、經營實業、修明政治、振興教育等等，都是刻不容緩的事。若不先從這些着手，而汲汲於解決對外問題，所謂先後倒置了。」我們答道，上頭已經說過，打倒軍閥、打倒帝國主義，為國民革命之根本；而打倒帝國主義，尤為根本之根本。如果不信，請舉個例來說明白。整理財政，豈不是充實內力之第一條件？然因軍閥窮兵黷武、把持割據、貪贓枉法等等，結果使財政日益紊亂，何從整理呢？所以整理財政的先決問題，是打倒軍閥了。然而軍閥和帝國主義相勾結，一任全國人民深惡痛絕、設法抵制軍閥，而帝國主義者，卻大把的借款給他。軍閥得了這大把的借款，一任人民抵制他招兵買馬，依然揮霍自如，而且倚仗著勢力來壓迫人民。人民[43]便連抵制也做不成，只好吞聲飲恨的，聽其為所欲為了。結果軍閥縱橫日益加甚、財政紊亂日益加甚，還說什麼充實內力？所以打倒軍閥的先決問題，是打倒帝國主義了。這樣說來，是誰「先後倒置」啊？整理財政是如此，其他

---

43 原句各版本欠主語，「人民」二字為本書編輯補上。

經營實業、修明政治、振興教育等等也可類推。古人說得好「物有本末，事有終始。知所先後，則近道矣。」我們還是以對外問題為先呀？還是以為後呢？

又有些人說道：「廢除不平等條約，各國並沒有十分不肯，只要中國有相當的準備。例如撤消領事裁判權，各國不是要等待中國改良司法、養成法官人格，便肯撤消了麼？中國不從事相當的準備，而徒然高叫撤消不平等條約，不但無以服人，而且沒用。」我們答道，這可被帝國主義者瞞過了。即以領事裁判權而論，中國一方面固然要改良司法、養成法官人格，然這都是伴著政治清明而來的。照帝國主義者操縱軍閥的情形，政治清明如何能做得到？況且所謂改良司法、養成法官人格，都是程度的問題。如果帝國主義者真願意放棄領事裁判權，也就無須於目前鰓鰓過慮。試看蘇俄已放棄了領事裁判權了了，德、奧因戰敗的關係，領事裁判權也不復存在。然以上幾國，何嘗因為沒有領事裁判權而失了安全的保障。反之帝國主義者如果沒有真願意放棄領事裁判權，那就無論中國司法如何改良、法官人格如何養成，他也不患無所藉口。故此，我們對於領事裁判權的撤廢，不但要於司法改良及法官人格養成做相當的準備，尤其要於國民革命加倍的著力。例如土耳其的安哥拉政府，因為能戰勝希臘，能將土耳其國家致於獨立、自由，便能在洛桑會議爭得撤消領事裁判權的期限。這都是土耳其國民黨及國民軍奮鬥的結果，這纔是撤消領事裁判權的根本辦法。我們要於此著眼，不要被帝國主義者什麼「相當準備」的話頭，輕輕瞞過。

又有些人說道：「照國際公法的原則，條約是雙方同意來締結的，不能以單方的意思而輕言廢除。」我們答道，這些話真是大錯而特錯了。

自鴉片戰爭以來，所締結的不平等條約，都是帝國主義者以威力及詐術種種手段取得來的，中國國民何嘗有過一些同意。例如南京條約，由鴉片戰爭所造成；天津條約、北京條約，由英、法聯軍所造成；馬關條約，由中日戰爭所造成；辛丑議和條約，由八國聯軍所造成。明明是以武力掠奪得來的，何

嘗有中國國民的同意？又如一八九八年的種種租借地條約及劃定勢力範圍條約，以至民國四年（一九一五）五月的二十一條，都是以武力脅迫得來的，何嘗有中國國民的同意？又如濟順、高徐兩鐵路和滿、蒙四鐵路的換文，中國公使有「欣然同意」字樣，似乎可算是同意了。其實這是用一種詐術，利用中國不成材料的政府，偷偷摸摸得來的。中國國民連做夢也不知道，又何嘗有什麼同意？還有一層，滿洲政府的媚外、自私，為中國國民所不能忍，故起而革命。滿洲政府手裏所締結的條約，中國國民不能同意，已可瞭然；革命以後，北京政府手裏所締結的條約，多是在北京政府違犯約法。北京政府自身在約法上失了資格之時，中國國民早已起而革命，宣言不能承認他所締結的條約為有效。其不能得中國國民同意，更無待言。如此說來，所謂雙方同意，真是欺人之談。

還有一層，國際公法是什麼呢？不過是保障強國對於弱國之權利的一種工具罷了。強國既以威力及詐術向弱國取得權利，還要以公法來做所取得的權利之保障，這不是狼和羊講理一樣，只有狼的理、沒有羊的理麼？照現時帝國主義者的貪黷情形，要得他同意來廢除不平等條約，真真是俟河之清、人壽幾何。試看看啊，日本全權在華盛頓會議極東總委員會席上，關於二十一條的一番說話，便是要求廢除不平等條約的明白答覆了。

第五、在國民會議關於國際問題的提案

我們根據以上種種事實和理由，所以準備在國民會議提出國際問題的議決案如左：

自鴉片戰爭以來所有一切不平等條約，概行廢除；重訂雙方平等、互尊主權的條約。以上是原則，根據原則，列出條目如左：

（一）收回一切已失的領土。

（二）從前中國的藩屬，如朝鮮、安南等，皆恢復其已失的國家，並其國家之獨立、平等。其願與中國為聯邦與否，聽其自由。

（三）收回一切租界。

（四）收回一切租借地。

（五）收回在中國領土內，屬於外國所有之鐵路、並鐵路附屬地。

（六）廢除現在北京公使館區域制度，撤消其軍事設備及駐屯軍隊暨警察權。

（七）撤消一切勢力範圍之規定。

（八）撤消外國軍隊警察駐屯中國領土以內之許可。

（九）收回外國船舶航行內河之權。

（十）撤消領事裁判權。

（十一）關稅自主。所有從前關稅協定、及以外國人為稅務司、暨民國以來關稅所入，由各稅務司以稅款逕交匯豐銀行，存入總稅務名下，按月由總稅務司分配用途之種種荒謬制度，一律掃除。

以上十一條，都是關於領土之完整、主權之獨立，極其重要。其他各事，悉可類推。除此之外，我們還要整理外債，分別何者當還、何者不當還，及如何還法。並且還要聲明，各國對於中國，不得再用「保全領土」、「開放門戶」、「機會均等」各字樣，以侮辱中國。我們於提出此議決案之際，高聲大呼道：

廢除不平等條約！

打倒帝國主義！

中國國民革命成功！

中華民國獨立、平等、自由萬歲！

出處：

- 三民公司編，《汪精衛全集》第四冊（上海：三民公司，1929年），頁1–91。

- 啟智書局編，《汪精衛文存》（上海：中山書局，1935年），頁179–258。

- 中山書局編，《汪精衛先生的文集》第四編（上海：中山書局，出版日期缺），頁61–145。

不平等條約及其締結日期

中英江寧條約（一八四二年八月二十九日）

中英五口通商章程（一八四三年七月二十四日）

五口通商附粘善後條款（一八四三年十月八日）

中美五口貿易章程（一八四四年七月三日）

中法五口通商章程（一八四四年十月二十四日）

中俄天津條約（一八五八年六月一日）

中美天津條約（一八五八年六月十八日）

中英天津條約（一八五八年六月二十六日）

中法天津條約（一八五八年六月二十七日）

中英續增條約（一八六〇年十月二十四日）

中法續增條約（一八六〇年十月二十五日）

中法簡明條約（一八八四年五月十一日）

中法越南條約（一八八五年六月九日）

中英會議緬甸條款（一八八六年七月二十四日）

中法界務專條（一八八七年六月二十六日）

中日馬關條約（一八九五年四月十七日）

中德膠澳租借條約（一八九八年三月六日）

中俄旅大租借條約（一八九八年三月十五日）

中英展拓香港界址專條（一八九八年六月九日）

訂租威海衛專條（一八九八年七月一日）

廣州灣租界條約（一八九九年十一月十六日）

辛丑條約（一九〇一年九月七日）

中英續議通商行船條約（一九〇二年九月五日）

出處：

- 外交部條約委員會編，《不平等條約表》（上海：外交部條約委員會，1929年）。
- 黃月波、于能模等編，《中外條約彙編》（上海：中華書局，1929年）。

復張靜江書

一九二七年四月五日

靜江先生惠鑒：

　　奉讀手書，感念無涯。先生以病驅支艱撐鉅，其痛楚情狀，銘雖在遠方，每一念及，必怦然於中，而益增良心之督責與痛苦。抵滬以後，因欲秘密，故未走候。及昨日讀介石同志通電，知秘密之不必守，滿擬於今晨可在介石處晤談，而又不值，悵悵何似！黨事至此，以銘之愚，惟有提議開第四次會議於南京，以解決糾紛，舍此實無出路。欲達到此目的，不得不往武漢一行，期得多數同志之同意，於本月十五日可以齊集（愈早愈好，總以十五日左右為宜）。如此會議既開，則轉危為安，或者可望。其詳俟由武漢回時再面陳一切，並乞先生始終主持。是所大願，餘不一一。專此。敬請

　　台安

　　　　　　　　　　　　　　　　　兆銘謹啓、璧君附筆候安
　　　　　　　　　　　　　　　　　五日

出處：

- 恂如编，《汪精衛集》第四卷（上海：光明書館，1929年），頁71。
- 文化研究社編，《中國五大偉人手札》（上海：大方書局，1939年），頁326-327。

四月七日寄李石曾的一封信

一九二七年四月七日

石曾兄鑒：

五日談話會散後，痛苦萬分。弟深信弟之意見，決不能得吳先生[44]等之贊同；而吳先生等之意見，弟亦決不能贊同。終日談話討論，除戕賊感情外，毫無其他結果，故不如決然舍去也。兄或者怪弟執拗，以為弟何故以一人而敢於堅決反對許多師友之意見。弟不能不有所說明如下。

連日討論，弟之意見，可分數點：

第一、民國十三年來改組之國民黨，其精神與方策，決不可犧牲。

第二、如以黨為不必要，則已；如以黨為必要，則黨之紀律不可不守，否則黨必為之破碎糜爛。

以上兩點，是弟之意見根本觀念。因此與吳先生等之意見，萬不能合。請分析如下：

甲、關於第一點者

（一）聯俄是改組之一個重要政策，所謂聯俄，其真正的意義，決非如普通之國際關係，乃在認識蘇俄革命之意義，而與之共同反對帝國主義。然

如蔡先生[45]等所說，則根本的不贊成蘇俄革命之方式。如兄所說，則以為革命進行要分段落，目前祇宜「反對北洋軍閥」，不必牽涉反對帝國主義，此皆與改組政策相反。

（二）容共是改組之一個重要政策，容共可分析兩個主義：

甲、容許共黨存於吾黨勢力所及之地域內。

乙、容納共黨黨員同時兼為吾黨黨員。

然如蔡先生之主張，則對甲且持極端反對態度，對乙則兄等一致主張逐出共黨黨員於吾黨之外。

乙、關於第二點者

黨綱非一成不易之物，如黨綱有不適用，決非不可更改。然更改必得依據黨的紀律，非可以個人自由行動，亦非可以武力迫成。

改組之政策，是總理所手定，弟以為不可輕言更改；如必欲更改，除全國代表大會外，誰能有此權力！全國代表大會閉會期間，除中央執行委員會外，誰能有此權力？

五日之談話會，吳、蔡諸先生，對於第一、二次代表大會之議決案，及歷次中央執委之議決案，不知是沒有看見、抑看見了也等於沒有看見。隨心所欲，要說甚麼便說甚麼，以黨員對於黨的決議如此隨便，深可驚駭。

如果說「以中央監察委員會咨中央執行委員會，叫他執行，沒有不可」，這更是稀奇。請問中執如不答應，怎麼樣呢？兄等當知中監之建議，中執不答應，是不能發生效力的。兄等似亦知之，故主張中監提出後，一班軍人便附和着幹起來。如此，豈非中監帶領一班軍人，將黨打得粉碎？所以弟對於

---

45 蔡元培

第一次看見提議原文時，着急非常，說你們各位如此做法，我甯自殺；第二次看見時，更着急說，請你們各位將我槍斃。而吳先生則謂「狗不如」、「滾蛋」。

丙、結論

關於第一點之觀念，如照兄等主張，則改組精神歸於消滅。

關於第二點之觀念，如兄等主張，則黨歸於破碎。

兄試思之，弟如何能贊成？如何能不反對乎？

丁、弟此行之目的

弟既不能贊成兄等之主張，則弟不能不另立一提案。弟之提案，是開第四次中執全體會議，以解決一切問題，其地以南京為宜。

此僅為弟個人之主張，欲此主張實現，則必須具有以下之條件：

（一）中執答應，

（二）黨員贊成及了解。

現時中執在武昌，電報往還，徒費時日。叫弟派人，試問何人可派？所以弟只得自己派自己去。而一班朋友，則謂弟往必受包圍。兄試思之，包圍之極點，尚有過於連日上海之會談者乎？生平敬服之師友，聚於一堂。感情、道義，至少有十數年之膠結。其力量之偉大，過於萬萬機關槍砲；感情之痛苦，過於生命之摧毀。然而包圍之效，亦已可覩。試問尚有其他勢力，能包圍弟若是之烈者乎？總而言之，除了槍斃及拘留，更無他法。然此僅是身體之失敗，不是精神之失敗。

　　弟等今行矣，兄如能繼來與孟餘[46]諸人一晤，助成弟等此行之目的，感紉無涯；否則弟等之與兄，僅僅意見之不同。道義、感情，一切如故。弟等敢信天壤間，更無一物能摧毀我等之道義、感情也。匆匆布達，諸祈鑒照。專此。敬請

　　道安

弟兆銘、璧君謹啓
四月七日

　　弟於此尚有言者，弟此次與兄等意見不同，弟絕不敢謂弟之理想、學識高於兄等，故敢悍然不顧兄等之主張。弟意見之根據，一在十三年來黨之改組精神及其政策、一在服務於黨之責任觀念，如是而已。又及。

　　兄等倘一念及改組以後，一班不肖分子，欲借「反共產」的口號以反民生主義，以消滅改組以後之中國國民黨者，有悴然不安於中者乎。噫。又及。

　　左派何在？誰是左派？我將窹寐以求之、旁皇以覓之。又及。

此信是汪精衛四月六日由上海去武漢的時候，在舟中寄與李石曾的。直到十二月十日，纔由李平心君在上海發表出來。上海各報皆有登載，見者無不感歎。李平心君並加以案語道：「看了汪精衛這一封信，可知道他四月六日從上海動身，十日到漢口，十四、五等日知道上海、南京不等候漢口消息便舉行清黨，他必然反對無疑的。而他所以反對，注重在黨紀，不是牢牢的不肯分共。所以他後來在漢口分共，也是無足異的。看了這一封書，同時知道他和李石曾等公義私交不比泛常。他受了吳稚暉『狗不如』、『滾蛋』等等辱罵，仍然能如此忍受，實在是不容易的。於是乎看了十二月九日吳稚暉等彈劾汪精衛之文書，

---

46 顧孟餘

那一種深文周內的口吻，就不能不令人不寒而慄了。」[47]云云。此段案語，上海有幾家報紙不敢登載、有幾家報紙公然刊出。今附錄於此，以備參攷。

出處：

- 〈四次中央全體會議今日開第四次預備會〉，《申報》（上海），1927年12月10日，版13。

- 〈兩封舊信〉，《時事新報》（上海），1927年12月10日，版4。

- 〈致李石曾書〉，《時報》（上海），1927年12月10日，版7。

- 南華日報編輯部編，《汪精衛先生最近演說集》（香港：南華日報，出版日期缺），頁167–174。

- 三民公司編，《汪精衛全集》第二冊（上海：三民公司，1929年），頁183–187。

- 恂如編，《汪精衛集》第四卷（上海：光明書館，1929年），頁1–6。

- 文化研究社編，《中國五大偉人手札》（上海：大方書局，1939年），頁279–286。

---

47 李平心案語見〈兩封舊信〉，《時事新報》（上海），1927年12月10日，版4。

夾攻中之奮鬥

一九二七年七月二十五日

我們正在為國民革命而奮鬥的當中，我們的隊伍裏，忽然生了裂痕了。

共產黨同志，根據他們中央委員會七月十三日對時局宣言，退出國民政府了。我們的隊伍裏，忽然潰退了一部分了。

幾個月來，我們和反革命者奮鬥。以帝國主義者之經濟的封鎖、軍閥之武力的壓迫，以及反革命者之抵瑕乘隙無所不至，當然使我們遇着了無數的困難與無數的障礙。我們有許多想做的事，眼睛望着、做不到手；有許多我們所不願見的現象，擺在面前、撇不開去。因此引起了一般人無窮的失望與無窮的怨恨。我們一方面要用十二分勇氣，來戰勝這些困難與障礙；同時一方面還是要用十二分勇氣，來忍受這些失望與怨恨。

共產黨同志，覺得不能和我們分擔這些失望與怨恨事，於是做一篇對時局宣言，將所有失望與怨恨，一齊推在我們身上。而他們自己走了開去，落個乾淨。我們此時，可怎麼樣呢？只有不容分辨的，單獨擔負起來。

有人說道：「共產黨同志，既然脫離了他們的隊伍，他們可要漸漸的腐化起來了。」哼！不要說這樣無理的話。我們不肯共產化，我們尤其不肯腐化。我們不能共產化的理由，在我們所做的〈我們要建設怎樣的國家〉及〈主義與政策〉裏，已經說得明白。今試將我們不能腐化的原故，試說如下：

一、我們要堅決的繼續做反帝國主義運動。反帝國主義與否，是本黨裏頭革命派與反革命派之分野，亦可說是左派與右派之分野。其實已經反革命了，那裏還配稱做右派呢！

本黨自改組以來，反帝國主義的色彩分外顯明，反革命派對此便不安起來了。他們第一怕租界裏不能安居樂業，第二怕亡命的時候得不著領事簽字的護照。因此對於反帝國主義的口號，詆為不度德、不量力、不識時務。這是改組以來反革命派口中所公然說出來的，馮自由便是其中一個代表者。

至於革命派呢，認清國民革命之對象是帝國主義、認清非打倒帝國主義不能得中國之自由平等、認清廢除不平等條約是打倒帝國主義之最大手段。雖然打倒帝國主義的用心，或者與共產黨同志不同。共產黨同志則從第三國際着想，而我們則從救國着想。所以所用的方法，有時也不能一致。然其認打倒帝國主義為目前最大之工作，則無不同的。

我們如其堅決的繼續反帝國主義運動，則我們決不會腐化。

二、我們要堅決的繼續做喚起民眾運動。反革命派是不要民眾的，他們對於一切民眾運動，不但漠視、而且仇視。他們裏頭，文人的結果，不過做個官僚；武人的結果，不過做個軍閥。有人說他們是代表資產階級，這話是不確的。中國如今並沒有獨立的資產階級，祇有一些食帝國主義之饞餘以為生存的奴隸性的資產階級。這些奴隸性的資產階級，有帝國主義者做靠山，並不要他們來做代表。他們亦不能做代表，最多不過利用機會狼狽為奸罷了。反革命者所過的是這樣生活，所以心目中並沒有所謂民眾。西山會議，便是這種精神的表現。

至於革命派呢，守着總理喚起民眾的遺訓，以「扶助農工」培養國民革命之中心勢力、以「農、工、商、學聯合起來」擴大革命之聯合戰線。他和

共產黨同志不同的所在：共產黨是一階級的黨、是無產階級的黨，以無產階級專政為革命之目的。對於其他民眾，不過一時利用，認為同盟；國民黨不是一階級的黨，而是一切被壓迫民眾聯合起來的黨。其革命之目的，在使國民得到革命之共同利益。徵之歷史，必是以一切被壓迫民眾為基礎，沒有以一階級為基礎的。所以中國國民革命，必須以中國國民黨為領導者。其領導之作用，即在聯合一切被壓迫民眾，起來參加革命。

我們如其堅決的繼續做喚起民眾運動，則我們不但不會腐化，而且必然可以完成國民革命。

容納共產黨員、加入國民黨、共同致力國民革命，這是總理的政策。我們因為篤信謹守，曾經與違背這政策的人實行決裂。無論他們在黨裏有如何的關係，和我們曾經如何同生死、共患難，我們因為他們違背總理政策，便無疑無貳的和他們實行決裂。如今放棄總理政策的，不出於他人，而出於共產黨同志了。有人很擔心的，對我們說道：「你們未免太孤了」。我們不孤，我們有總理的遺訓懸在我們的面前，宛如大海茫茫狂風駭浪之中，一個放出光明的燈塔。我們要忠實而勇敢的繼續奮鬥、繼續猛向前進。

出處：

- 南華日報編輯部編，《汪精衛先生最近演說集》（香港：南華日報，出版日期缺），頁33–38。
- 三民公司編，《汪精衛全集》第一冊（上海：三民公司，1929年），頁25–28。
- 啟智書局編，《汪精衛文存》（上海：中山書局，1935年），頁289–293。

甯漢合作之經過

一九二七年九月二十二日

在武漢政治分會演說

主席，各位同志：

自今年七月卅一日共產黨徒賀龍、葉挺在南昌叛變後，兄弟深疚對於共賊裁制過遲，致釀成此變。曾於八月五日在中央會議席上報告事變經過，並謂俟事變平定，當請求中央加以處分。如今正謀補過，未敢即引咎而去。此次兄弟向中央提出自劾、聽候處分，便是基於這個原因的。

在這時候，兄弟本打算閉門讀書，聽候處分。惟疊接武漢同志函電，以中央遷甯經過、情形相詢問。對於南京特別委員會之產生，尤深致疑慮，囑詳為說明。是以兄弟不得不來武漢一行，報告梗概。預料不久，譚組安、孫哲生諸同志必更會派人前來報告一切的。

迴想八月二十日，兄弟偕譚組安、于右任、孫哲生、顧孟餘、唐孟瀟諸同志，由武漢出發前赴九江。二十一日到了九江，會見了朱益之、陳公博諸同志，程頌雲同志亦由武漢來到。二十二日，李宗仁同志由南京來到，具述自胡、吳、張、蔡、李諸委員去後，南京方面黨務、政務均無人負責。孫傳芳正謀渡江來攻，希望武漢同志迅速前往南京，並希望上下游諸軍，迅速訂定軍事上共同行動的計劃。所以當時決議，由譚組安、孫哲生兩同志偕李宗仁同志先赴南京，其餘各同志仍留九江處理各種應辦之事。譚、孫兩同志到南京後，正值孫傳芳渡江部隊拚命來攻。情勢危急，李宗仁同志等均往督戰。譚、孫兩同志本急難之誼，迭次來電催促武漢同志迅速前往，並催促武漢諸軍迅速前進，

以期夾擊敵人。李宗仁、何應欽、白崇禧諸同志迭次來電亦是同樣說法,並派楚振兵艦前來九江、武漢,迎接中央諸委員。所以兄弟和顧孟餘、徐季龍、陳公博、何香凝、朱益之、陳護黃諸同志,即渡楚振於九月五日抵南京。于右任、王法勤、潘雲超諸同志亦陸續來到,祇唐孟瀟、程頌雲兩同志因為指揮部隊關係,暫緩起程。

兄弟等到了南京之後,譚、孫兩同志往上海,訪問各同志未回。及至回來,先後會合在南京的同志開談話會,又同往上海會合在上海的同志開談話會。討論結果,多數同志都主張本黨分裂之後,應速謀團結。而團結之方法,必須使各方面負責任的同志都同心協力、共策進行,所以纔有特別委員會之提議。

論特別委員會之產生,在本黨原已有不少的例子。如十四年八月二十日廣州發生廖案[48],中央決議組織特別委員會,授以特權,使得以臨時緊急處分一切,特派兄弟及許汝為、蔣介石兩同志為特別委員會委員。當時兄弟是中央執行委員,汝為是中央監察委員,介石不是中央委員。可見特別委員為非常事件而設,原沒有一定的資格。又如最近中央特派孫哲生、潘雲超、孔庚三同志為湖北特別委員會委員,孔庚同志亦不是中央委員。由此點而論,則此次南京特別委員會委員有一部分不是中央委員,徵之往例,不足為異。且此次特別委員會之產生,係由中央會議所決定,其委員亦係由中央會議所推舉,亦於往例無所抵觸。

惟有一點,是大有不同的。十四年八月二十日中央決議組織特別委員會之後,中央在特別委員會存在期間,雖不常開會,然中央黨部,仍然存在,不過授權特別委員會,使之措置時局。如今南京特別委員會,卻是代行中央職權。還有一點,中央原已決議於九月十五日開第四次中央全體會議,如今南京九月十五日所開的中央會議,卻不是第四次中央全體會議。關於以上兩點,在

---

48 即一九二五年廖仲愷被殺事件

談話會裏，曾有激烈之辯論。卒因遷就事實，不能不為此權宜措置。自九月十二日談話會大體決定之後，兄弟便向中央提出自劾，離了上海。十三日以後的事，當讓別位同志前來報告了。

此外還有應當報告的，便是武漢政治分會之經過。此是八月二十二日政治委員會主席團之決議。中央黨部及國民政府遷甯以後，武漢不可無政治分會，以指導黨務、政治、軍事。故決議設立，並特派唐孟瀟、顧孟餘諸同志為武漢政治分會委員。去年，中央黨部及國民政府自廣州遷至武漢，即於廣州有政治分會之設立。今日武漢設立政治分會，正事同一律。政治委員會主席團負責為此決議，亦正與今年六月政治委員會主席團在鄭州決議設立開封政治分會，事同一律。如今中央黨部及國民政府既已遷甯，唐孟瀟、顧孟餘諸同志又先後由九江、上海歸來。雖然有些同志尚未到齊，武漢政治分會已可依法成立。此為武漢革命根據地，前途極有希望的事。

以上報告已完，還有幾句話想對各位同志說的。如今長江上、下游所流行的口號，是「國民黨同志團結起來」；而國民黨同志團結起來之後，其所要做的工作，提出的口號是「北除奉、魯軍閥，南除共賊」。這些口號都是必要的。如今國民黨同志已經團結起來了，團結之有無效力，要看北除奉、魯軍閥、南除共賊之工作如何。所謂北除奉、魯軍閥、南除共賊，其工作都有積極、消極兩方面。

先以北除奉、魯軍閥而論。所謂消極方面的工作，便是武裝同志一致團結，制定軍事計劃，共同行動，於最短期間將奉、魯軍閥完全消滅。這些工作誠然必要，只是還有積極方面的工作，也要同時注意。所謂積極方面的工作，是要認清楚怎樣便是軍閥、怎樣纔不是軍閥，我們和軍閥的分別在什麼地方。我們是服從黨的決議，為黨的主義及政策而奮鬥，以求實現民眾之幸福的；而軍閥則不知有黨，不知有主義及政策、不知有民眾，只知有地盤、只知有個人掠奪得來之權利。這便是我們和軍閥的分別。我們應該認定奮鬥之目

標，努力做去，這便是積極方面的工作。此項工作如能做得透澈，則軍閥必倒，且永不會再起。不然，則日日說打倒軍閥，其結果軍閥不能打倒，而自己反變成了軍閥。

再以南除共賊而論。所謂消極方面的工作，便是於最短期間將竄擾粵、閩之賀龍、葉挺殘部一律肅清，再將各處潛伏著的共產黨徒之惡勢力一律掃滅。這些工作，誠然必要，只是還有積極方面的工作，也要同時注意。所謂積極方面的工作，是要不斷的訓練出一大批幹部人才，務須明瞭本黨的主義及政策，且能誠實勇敢的去實行，分布在農、工、商、學裏頭，從事宣傳及組織，並要使人人了解共產黨徒在世界各國運動失敗之原因結果。

其在英、法、美各國家內，何以氣息奄奄，不能活動？其在德國戰敗之後，何以一度活躍而終於一蹶不振？其在匈牙利，何以一經試驗，而即為羅馬利亞所屈服？其在意大利，何以一經試驗，而即有法西斯蒂之反動？其在俄國，何以一經試驗，而即以新經濟政策為有計劃之退卻？其在土耳其，何以俄國曾拯之於垂危，而基瑪爾[49]仍然驅逐共產黨？乃至環繞俄國之諸弱小國，如波蘭、芬蘭、立陶宛等，何以畏聞共產黨？東方諸弱小國，如波斯等，何以一度嘗共產黨之況味，便相與咋舌，不敢領教？凡此種種，一經研究，不難洞見共產黨之癥結。

即以中國共產黨與中國國民黨之關係而論，何以共產黨徒於加入國民黨之始，口口聲聲說只為國民革命而來，不是為宣傳共產黨主義而來。而其後一年變更一度政策，愈變愈兇，意欲將國民黨收歸掌握，為其宣傳共產主義之工具？何以國民黨因容共之故，鬧得黨內四分五裂？何以共產黨憑藉國民黨的勢力，在國民黨勢力所及之地小試其端，即弄得四民失業，連天叫苦？凡此種種，一經研究，即不難洞見中國共產黨危害中國國民革命之真實經過情形。

---

49 又譯作穆斯塔法・凱末爾・阿塔圖克 Mustafa Kemal Atatürk

　　如此，則中國以內一般民眾必不致為共產黨所誘惑，而國民黨內亦再無人將共產黨的理論來做國民黨左派的理論，這樣方纔能使共產黨的惡勢力根本消滅。同時，本黨的主義及政策纔能得一般民眾之了解及擁護，而日即於實現。若沒有這些工作，則雖日日說反共，也於事無濟的。如今長江上、下游似更有一種風氣，以為能反共的，便是忠實的國民黨員。殊不知謂忠實國民黨員必反共則可，謂反共則必是忠實國民黨員則尚難斷定。我們固然要從消極的工作方面，看其是否反共；我們還要從積極的工作方面，看其是否真能為國民黨做工作。因為必須真能為國民黨做工作，纔是反共的最大努力啊。

　　以上是兄弟由甯漢歸來一種感想，隨便說出，以求各位同志指教。

出處：

- 南華日報編輯部編，《汪精衛先生最近演說集》（香港：南華日報，出版日期缺），頁69–77。

- 三民公司編，《汪精衛全集》第一冊（上海：三民公司，1929年），頁51–57。

與南京代表團商榷恢復中央黨部之經過

一九二七年十月十六日

在武漢政治分會演說

主席，各位同志！

兄弟今天想把此次來漢口的原故向各位報告。

九月二十一日，兄弟在這裏和各位相見；二十七日，回到廬山舊寓；十月一日，接朱培德同志南京來電；二日，接許崇智同志上海來電，說要來相見；四日，朱培德同志到了，許崇智、張繼、居正、孫科、伍朝樞、吳鐵城、劉成禺、麥煥章、陳策、陳翰譽、江和風諸同志也到了。還有由廣州來的劉栽甫、李朗如、麥朝樞諸同志，是於前幾日已到了的。

一共十餘位同志，連日所討論的，都是關於黨務、軍事等等問題。武漢政治分會諸同志聞此消息，電囑兄弟代邀各位同志前來漢口，並派葉琪、趙祉威同志前往歡迎。當時除了朱培德同志因為初到，關於江西事務，須要料理；麥煥章同志因還有別項事務，以致不能分身前來之外，各位同志，都於雙十節到了漢口。連日和在漢口中央各委員及武漢政治分會諸同志晤商，除了關於完成北伐問題、有關軍事秘密者外，兄弟如今將關於黨務討論的經過，提出報告。

自從九月中旬以來，各處黨部及各方同志，曾發表了不少的意見。總合這些意見，約可分為兩端：其一是黨的人才問題，其二是黨的組織問題。

　　關於人才問題，「一切忠實同志聯合起來」實為目前最緊要的一個口號。人人知道本黨同志之分裂，不僅是本黨之不幸，實是國民革命之不幸。本黨同志於分裂之餘，重復結合，所謂痛定思痛，必當本「親愛精誠」之旨，一致結合、加倍努力，使國民革命早日完成、國民的痛苦得以解除。本黨同志的責任，纔得以減輕。斷沒有於這時候，還去抉起從前的裂痕，以引起現在及將來無窮之不幸的。即如來漢口的各同志，從前分散四方，如今聚首一堂。其中如許崇智、張繼各同志在本黨奮鬥之歷史與人格，凡是同志，沒有不佩仰的。集中人才，以共同負責，是今日本黨的一件大事，兄弟敢信斷沒有人於此忽持異議的了。

　　至於黨的組織問題，從前曾有兩個提議：第一個提議是主張於第四次中央全體會議以前，先開一個預備會議，將非中央委員之重要同志，也邀請參加。關於一切重要事件，經過共同討論之後，纔開正式會議。如此，則以預備會議集中黨的人才，以正式會議鞏固黨的組織，庶幾法理、事實雙方兼顧。舉一個例來說，本黨有二、三忠實同志，在第二次全國代表大會曾被處分的；如今由第四次中央全體會議負責免除，以請求全國代表大會之追認。此於黨的紀律精神，並無違忤。再舉一個例來說，第三次中央全體會議，是主張繼續總理容共政策的，所以有統一革命勢力的決議案。但是自七月十五日以來，共產黨既決議退出國民政府，並陰謀破壞國民政府及國民革命軍，甚至破壞中央執行委員會；自七月三十一日以來，索性實行叛亂。容共政策，已被共產黨破壞無餘了。則第四次中央全體會議變更第三次中央全體會議之決議案，不但於事實上已為必要，即於法理上所謂「同一機關得以新決議變更舊決議」之原則，亦為至當。舉此兩例，其他可以類推。這個提議，兄弟曾於八月間致許崇智同志一封信，詳細說過；九月間在南京、上海亦曾說過。但被擯棄，不蒙採用。於是第二個提議，見諸實行——即是特別委員會之產生。其產生理由，具見於九月十五日南京頒布的宣言中，不須複述。

　　自從特別委員會產生之後，各黨部及各方同志對之，對於事實方面委曲求全的苦心，十分體諒；而於法理方面，謀有以補救。簡括來說，不是否認特別委員會，不過謀有以補救而已。此次上海、南京各同志來漢口共同討論的結果，也承認補救之必要，並想出補救的方法——即是開第四次中央全體會議，恢復中央執行委員會。至於特別委員會，仍然存在，並規定常務、特別兩委員會之權限，恢復中央監察委員會。如此，則黨的組織，不致破壞，而集中黨的人才之主張，亦得以貫澈。

　　本月十一日，在漢口的中央執行委員顧孟餘、王法勤、朱霽青暨兄弟等，與由南京來的中央執行委員孫科、伍朝樞等，擬成草案。即夜由孫、伍兩同志攜赴南京，徵求各同志之同意。總理建國大綱裏，規定了國民革命的進行程序，由軍政、訓政以至憲政。在軍政時代，是以黨治軍、以黨治國的。所以軍政、訓政時代，黨的重要等於憲政時代的國民大會；因而黨章的重要，也等於憲政時代的憲法。不集中黨的人才，不能負荷國民革命之大任；不鞏固黨的組織，不能建立國民革命之中樞。凡此，皆純為黨著想，決沒有派別觀念及對人問題夾雜其間，想為一般同志所諒解的。

　　以上關於黨務討論的經過，報告已完，於此還有幾句附帶的話，想對各位同志說說。

　　各位同志當努力工作的時候，不可忘記了四十餘年以來本黨艱難締造的歷史，尤其不可忘記了民國十三年以來本黨改組的歷史。總理於改組本黨時候的種種訓話，以及改組以後本黨所表現的種種精神，實為今日國民革命積極發達之根源。兄弟敢說本黨改組以後的精神，雖然有些因共產黨之搗亂而混淆，但決不因共產黨之搗亂而埋沒。本黨改組以後的精神，不是兩三句話所說得完的。兄弟僅能提出兩、三點，來與各位同志討論。

一、組織與紀律　兄弟聽得有人説道：「組織與紀律，是共產黨用以破壞本黨的一種工具。如今共產黨既驅逐了，則組織與紀律可以隨便，不宜以之束縛同志間的自由與感情。」這種説法，可謂錯誤達於極點了。共產黨誠然有利用組織與紀律以破壞本黨的事實，但其罪在共產黨，不在組織與紀律。不但此也，本黨正因有組織有紀律，纔能將共產黨驅逐出去；如果本黨沒有組織與紀律，則本黨自己破壞自己而有餘，不必待共產黨來破壞了。凡是人類，便有團體；凡是團體，便有組織與紀律。其在秘密團體，則組織與紀律，尤為存在之要素。

本黨自成立以來，即有組織與紀律；其後勢力愈發展，則組織與紀律亦愈嚴密；組織與紀律愈嚴密，則勢力亦愈發展。舉例來説，中國同盟會時代，誓約是「矢信矢忠，有始有卒，如或渝此，任眾處罰」，其紀律何等森嚴；其後中華革命黨時代，誓約的規定，則更森嚴了；及至第一次全國代表大會所制定的黨章，關於紀律的規定，則不但森嚴、而且精密。本黨要集合革命同志、領導革命民眾，和帝國主義軍閥及一切反革命者作殊死戰。沒有這些森嚴精密的紀律，如何能統一活動。至於組織，更不待言。每一個革命同志，因為富於情感，纔能勇於犧牲；既然有舍己救人的決心，定然有屈己從眾的定力。熱烈的情感，與嚴密的組織與紀律，正是合一不可分的。共產黨常説道「國民黨自容共以後，方纔有組織與紀律」，這是替自己瞎吹而厚誣本黨的話。本黨同志不可上此老當，更不可因噎廢食，以為驅共以後，則組織與紀律，可以放鬆。須知如今本黨的組織與紀律，已嫌太放鬆了。老同志的浪漫態度、新同志的放縱態度，已足夠使本黨分崩離析了，還禁得再浪漫、放縱下去，使本黨的組織與紀律失其效力麼？

二、反對帝國主義　本黨之反對帝國主義，與共產黨之反對帝國主義，其精神面目，完全不同。本黨之反對帝國主義，其理由在總理所著的《民族主義》裏，説得最為詳盡。民族主義之目的，第一步在求中國之自由、平

等，第二步在求世界一切被壓迫民族之解放。帝國主義，是中國之自由、平等的對頭，是世界一切被壓迫民族之對頭，所以要反對他；而共產黨之反對帝國主義，是為第三國際著想，不是為中國著想。他的心目中，視第三國際為作戰的大本營、視中國為作戰的一支隊。如果於全盤戰局有利，雖犧牲一支隊而不惜；所以如果於第三國際有利，則犧牲中國以為第二次國際戰爭之導火線，亦所不惜。此與本黨民族主義之目的步驟，大是相反的。

　　至於反對帝國主義之方法，本黨主張用文化、軍事、政治、經濟種種力量，以對於帝國主義，為積極之抵抗。而最低限度，則在廢除不平等條約，以斷絕中國自由、平等之鎖鏈；與共產黨之濫用排外手段，更大是相反。從前本黨容共時代，宣傳裏頭不免往往夾雜些共產黨的調頭，這應該注意矯正的。至於癡想到本黨驅共以後，便不妨拋棄了反帝國主義的主張，這是說夢；若更癡想到本黨驅共以後，帝國主義者便會來修好，那更不知夢到那裏去了。

三、喚起民眾　　本黨喚起民眾之目的與方法，也與共產黨完全不同。本黨為民眾而革命，並非為革命而求民眾。其所以喚起民眾，乃要使民眾知道革命與民眾本身有切膚之關係，使民眾起來參加革命、使革命的利益歸於民眾。同時還慮到民眾的能力，須以漸養成，故定出軍政、訓政、憲政的計劃步驟，使民眾的幸福與民眾的能力，同時增進。至於各民眾之間，則務引導之，使向於共同的利益而進行，而務引避其相互間之利益衝突。此於三民主義、建國大綱、建國方略及其他重要宣言、訓令、決議案裏，已不憚反覆說明。

　　至於共產黨呢，口裏說為民眾而革命，其實是為革命而求民眾，口口聲聲無非說怎樣「抓住民眾」。「抓住」二字，何等兇狠，恰如鷹抓住兔一樣；而其所謂民眾，又不過祇是無產階級民眾。在無產階級未發達的地方，則無業遊民，也算在內。抓住了這些無產階級（其實無業遊民之後），對於其他各階級民眾一味打倒。有的說些「聯合農民」、有的說些「聯合小地主、小商人、中地主、中商人」、有的說些「聯合小資產階級」，其實所謂聯合，不過

一時抓住了作工具，以後仍然要打倒的。這樣東打倒、西打倒，各階級民眾固然被打得七零八落；而所謂無產階級，也因經濟衰落的連帶關係，成了失業工人。於是無業遊民的集團勢力，愈見浩大。而共產黨即利用之、操縱之，以為奪取政權之憑藉了。

　　一般民眾所懼怕的是經濟衰落，而共產黨所蘄求的正是經濟衰落；一般民眾所憂慮的是社會恐怖，而共產黨所蘄求的正是社會恐怖。他要將一般民眾因階級鬥爭而死亡的屍骸，做他跳上政治舞台的墊腳，此是共產黨與本黨極端矛盾的所在，也是本黨驅共的最大理由。如今驅共以後，共產黨說本黨不要民眾了。本黨所不要的，是矯揉造作出來的假民眾。花四角錢僱一個人手持一面小紅旗，口裏大喊，這樣的老把戲，實在看慣了、也看厭了，本黨決不要這樣假民眾。本黨所要的，是一般為民眾而革命的人。有目的、有方法、有步驟的來領導民眾，參加革命。固然要使民眾知道，革命的成功纔是民眾利益的總匯；同時也要於革命勢力所及的地方、於可能的範圍內，將民眾的利益一點一滴的積累起來，使民眾知道革命勢力所到，便是民眾利益所在。即使有時不得已而使民眾犧牲利益，也必要使民眾知道少許之犧牲在目前，而巨大之收穫在將來。於是民眾對於革命，纔能漸漸發生興會、發生信仰，纔能漸漸起來參加革命。革命與民眾利益之關係日益密切，則民眾與革命之關係也日益密切。這樣纔是真民眾、纔是真的革命民眾。我們不但不能如軍閥、官僚之不要民眾，而且不能如共產黨之矯揉造作假民眾。我們所要的是真民眾，是真的革命的民眾。

　　各位同志，四十餘年以來艱難締造的中國國民黨、民國十三年以來改組過的中國國民黨，荷在各位同志肩上。兄弟望各位同志努力，祝各位同志健康。

出處：

- 南華日報編輯部編，《汪精衛先生最近演說集》（香港：南華日報，出版日期缺），頁79–91。

- 三民公司編，《汪精衛全集》第一冊（上海：三民公司，1929年），頁58–67。

武漢分共之經過

一九二七年十一月五日

在廣州中大演講

主席，各位同志：

今天兄弟來到這個大會，聽見主席和曾同志的說話。其中關於兄弟的，兄弟很覺得慚愧、不能接受。現在得這個機會來和離別一年多的各位同志作一種報告，因此一切客氣的話可以放棄。

今天的報告，本來應該把各方面的詳細情形都說到。但因為時間關係，只能專就一個標題來報告，這標題是「武漢分共的經過」。武漢幾個月來，容共與分共的情形，實有報告的必要。兄弟到了廣州也有幾天，也作過幾次演講，但都未得把事實上的經過詳細報告。經過的事實很多，我知道各位必然願意知道的。自四月以來，武漢同志的工作，廣東後方同志或者多未完全知道的。因此打算把武漢分共的經過做標題，先對各位說一說。

兄弟願意把純粹的事實從頭敍說。有時或參加兄弟個人的批評，但這不過是兄弟個人的意見，希望報告事實後得到各位的批評，很嚴重的、很不客氣的批評；至於事實，有關係於兄弟工作的經過，也應該說一說，因這並非一人的關係。兄弟也是擔任革命工作的一份子，所做的工作非關個人，實關於本黨。報告後對於兄弟作一種很嚴重的、很不客氣的批評，尤其是兄弟最希望各位的。

　　要說武漢分共的經過，先把容共的由來說一說。我們要知道「容共政策」四個字，是起於什麼時候。

　　兄弟記得在四月中來到武漢，即看見滿街把「擁護三民主義」、「擁護三大政策」的標語並攏貼出，有時「擁護三大政策」的標語比「擁護三民主義」還要多些。這個情形是很不對的，因為政策與主義是有分別的。不論是政策或是主義，都是依着時代與環境而定的。在某一時代、某一環境下需要什麼政策、什麼主義，然後才定出什麼政策、什麼主義，故主義與政策總脫不了時代環境的關係。可是主義的時間性要長些，有固定性、有永久性；政策的時間便不同了，政策係由主義發展出來的，沒有主義的時間性長。三民主義是中國國民黨的主義，時間性是很長的。自秘密革命運動起，以至軍政、訓政完全依三民主義而實行的，到憲政時期更是如此。至於政策是主義的產物，由主義按着時間與環境而定出一種適用的政策，故主義不與政策相提並論的。兄弟到了武漢，便感覺得三民主義與三大政策並舉是很不妥當的。自從國民黨改組以來，第一次、第二次全國代表大會都未見過三大政策的名詞，這大概是去年才發生的。

　　主義與政策的不同沒有弄清楚，而把主義與政策相混，這是很不對的。說到政策，總理以前有聯段政策、聯張政策。這兩個政策在現在看來，似乎是過去的東西，但在當時是重要的、必需的。那時候中國的大軍閥（就是曹錕、吳佩孚）握有軍閥大權。害國殃民的，也就是曹錕、吳佩孚。總理所以把聯段政策、聯張政策明明白白的定出來，係為打倒曹錕、打倒吳佩孚。這個政策是一時的，是不錯的。打倒曹錕、吳佩孚之後，總理即發表一個宣言（即《北上宣言》），說明不僅在要滅曹、吳，尤在曹、吳覆滅之後，永無同樣繼起的人！所以曹、吳打倒之後，便要變更政策。即是打倒曹錕、吳佩孚之後，如有繼起的軍閥，也應該打倒。那時曹、吳打倒後，張作霖實行與帝國主義勾結、段祺瑞大開善後會議，故不能再和他們聯合。即曹、吳打倒，而段、張繼起；故應以打倒曹、吳的精神，打倒段、張。所以本黨中央執行委員會便有對

段祺瑞忠告的電，後來更明明白白的，發表宣言來反對他。這實在是總理聯段、聯張的精神，因為段、張已為軍閥，與曹、吳相同，故即放棄聯段、聯張的政策。政策與主義不同，由此便可明白。

聯俄與容共政策，為應付時代和環境所取的一種政策，不能與三民主義同樣有長久的時間性。時代與環境變了，政策也即隨之而變化的，這是對於政策和主義的解釋。現在將容共政策的歷史考查一下：

容共政策的起源要上溯到民國七、八年。在民國七年，俄國革命之後，總理有電報給列寧，慶祝俄國革命的成功；民國十年，總理在桂林，俄國派人到廣西、到桂林去見總理。俄國一面在北方也派人去考察吳佩孚，同時也即在南方考察國民黨。這個是聯俄容共未實行以前的經過。

到了民國十一年冬，俄國代表越飛[50]在上海和總理聯名發表一個宣言，這可算是聯俄的起點。

當民國十一年六月十六日，陳逆[51]在廣州造反，總理以孤軍抵抗了五十多天，然後亡命到上海。正當曹錕、吳佩孚二大軍閥在北方肆行禍國殃民，南方又有陳逆作亂。總理一人亡命到上海，所處的環境是最為險惡的。宣言中說明，俄國願意幫助中國國民黨反抗帝國主義、取消不平等條約，認為共產主義是不能實行於中國，故俄國不是來宣傳共產主義，而係來贊助國民革命。這篇宣言實係國民黨的重要史料，也是國民革命的重要史料。蘇俄既聲明不是要在中國宣傳共產主義，而是要來幫助國民黨完成國民革命。自此以後，中國共產黨便也以這個理由來加入國民黨。兄弟此次在上海見著張溥泉先生，他是很光明磊落。他說容共政策他也要負一點責任，因為第一個加入國民黨的共產黨李大釗，就是他介紹入黨的。當時，李大釗見了總理後，說他加入國民黨，願為

---

50 Adolf Abramovich Joffe

51 陳炯明

三民主義、為國民革命努力，但是不能脫第三國際黨籍。總理說可以的。這便是容共政策的起點。

到十三年春第一次全國代表大會開會，在大會內否決了不許黨員跨黨的提議。自此以後，係本黨已確定容共政策的時候。

當時雖有持異議的，但經大會決定，故即一致行動。然而，當時大家都認為，國民黨和共產黨能不能合作到底是一重大問題。有些以為容共政策是因時代因環境而定的，故亦必隨時代、隨環境不同而變化。國民黨內固然討論這個問題，蘇俄共產黨內也討論這個問題。在蘇俄討論這個問題的人是很多的、他們的派別也很多，每年大會的討論結果也不盡同。大約蘇俄共產黨的意見，可分為三派：

一派人稱他為最右的。他們主張國民黨與共產黨可以合作到底，但這派是極少數，而且沒有勢力。

還有杜落斯基[52]一派，卻是最左的。他主張革命無間，從開始革命，直到共產主義完全實現為止。他主張絕對不妥協，連在俄國，他對於農民也是不主張妥協的。他有許多演說，對勞農、政府表示不滿，反對很力。他說現在的蘇俄是假無產階級的國家，並不是真的無產階級的國家。他是這樣明明白白的說出來。他對於俄國現狀尚且如此不滿，對於中國更不用說了。他以前批評總理，說是資產階級的民主主義革命。民國十四年三月間，總理去世後，在俄國追悼大會中，杜落斯基有一篇演說。他並非駁斥三民主義的國民革命，他說中國應先經過資產階級的民主主義革命，等到這種革命完成後，再做無產階級革命。很明白的，他是不主張共產黨和國民黨合作的。他以為共產黨加入國民黨，是好比前清國民黨員加入滿清政府去做官一樣，容易腐化。

---

52 又譯作托洛茨基 Lev Davidovich Trotsky

　　還有一派，是史達林和布哈林[53]。他們主張中國共產黨加入中國國民黨，去操縱一切，慢慢的取得國民黨的一切權力，到必要時便消滅國民黨。俄國現在得權的就是這一派。他們這種主張在莫斯科孫文大學的刊物上，有一篇叫做〈中國國民黨與中國共產黨〉的，是說得明明白白的。這篇文章已翻譯成中文，用真筆版印好的，中大同志諒必有見過的。文中說「我們加入國民黨後，得國民黨的掩護，已取得廣大的工、農、民眾。但我們的加入國民黨是一時的，不是永久的；是策略的，不是主義的。所以共產黨應該保存原有的組織到相當時機，並且不能不要有這個組織的。」大意是如此，如要知道詳細，請參考原譯。

　　如此看來，俄國已明示共產黨加入國民黨是一種政策，看時代與環境的變化如何而不同的。他們共產黨每年大會裏都接受各種報告而加以辯論，研究時時變更政策的。自我們容共後，從民國十三年到十六年，他們已變了好幾次的政策了。總而言之，我們容共是一種政策，他們加入國民黨也是一種政策，這是很明白的事實。

　　但到何時纔分手呢？這實為一個大問題。怎麼解答呢？那也是應該以時代環境如何去解答。時代環境變了，政策不能不變，是一定的道理。一切政策都因時代環境的變化而推移的。容共政策，當然也是如此。至於等到何時才改變呢？這是無人能先知道的，不過總不外跟時代環境如何而定的。因為一個為共產主義而奮鬥的、一個為三民主義而奮鬥的，總不能永遠合作在一起的。

　　有人說，國共兩黨為國民革命而合作時，可以打一個譬喻。如大家共坐一隻船，由香港到上海。但是到了上海後，有的是要到天津去的、有的是要到日本去的。由香港到上海的時候是不會有問題，所以國民革命的時候也是不會有問題。然而，到了上海之後便怎樣呢？如果是兩隻船同走一條航線，彼此照顧，則不但未到上海時不會有問題，到了上海後也很容易的、各走各的；如

---

53 Nikolai Ivanovich Bukharin

果是一隻船，則到上海後便到了分歧點了。一個要駛往天津、一個要駛往日本，如何不生衝突。

　　不錯，國共兩黨都要國民革命，然只有一個中國、只有一個國民革命。分明是共坐一隻船的譬喻，而不是分坐兩隻船的譬喻。到了一個時機，國民黨要將國民革命帶往三民主義那條路去，共產黨要將國民革命帶往共產主義那條路去，其勢非衝突不可。即使時機未至，而各人已不能不做那必要的準備。所以容共之後，必定分共，是不可免的。不過容共時候不能說出來，猶之明知到上海後必然分路，不過從香港到上海的路上，大家都不說出來便了。

　　有許多同志早就說要分共，但黨中大多數都不主張，這全在對於時代環境的看法不同。總理為什麼要容共，我們試看看十二、三年間的情勢如何。那時軍閥吳佩孚從江西向北江進攻、東江叛軍進到石龍、西江連肇慶也給敵人佔去、南路在鄧本殷手裏，我們只有一個廣州，但廣州尚有時時可以造反的劉、楊[54]，故前後左右都為軍閥圍住。更有帝國主義的壓迫，有商團的作亂。帝國主義明白宣言說，你如打商團，我便打你。處在這樣危險的情勢之下，一定要集中一切力量，對付敵人。內部分裂是不許的，所以分共是不許的！雖有許多同志主張即時分共，但都受了總理的詰責，默然而止。

　　至於十四年間總理逝世之後，情勢還是一樣。東江纔於三月克復，而楊、劉已在廣州陰謀叛亂了。六月十二日纔把楊、劉打倒，而六月二十三日帝國主義者已在沙基殺我許多學生、工人、商民、農民，死的滿街是血！想來各位當中，必有些是身歷其境的，也不忍多說了。沙基慘案之後，不久東江方面又被敵人佔去，把當日克復東江時莫大的犧牲，弄得乾乾淨淨。同時反動派又在廣州幹起來了，八月二十日明目張膽的，殺死了廖仲愷先生！那並非暗殺，是明殺的！廖先生被殺的前一日（即八月十九日）曾和我說道，聽見他們要用手機關槍來殺我們哩！說時覺得很是可笑。明日早上，廖先生坐汽車到了中央

---

54 劉震寰、楊希閔

黨部。他們六、七個人，真是用大號曲尺裝的手機關槍子彈來殺廖先生。那時廣州大勢岌岌動搖，東江敵人已向我們進攻，而南路也同時呼應。在那時候，也有些同志以為容共政策應該變了。

但是我們並未注意及此，其所以不注意，如果是因為自私、因為自己的利害，這便是極大罪惡，應該受大家嚴重的懲處。然而，我們當時實因正在把全力去對付帝國主義、對付軍閥，對於他方面的事，不免輕忽不注意。好比上海拉馬車的馬，他的兩隻眼都被罩著，只顧往前面直衝，不容旁顧。雖然輕忽不注意的錯誤，萬無可辭，但決不是出於什麼自私之心。這是當時的實在情形，兄弟在南京時，已曾說過。

民國十四年冬間，統一廣東。十五年春間，開第二次全國代表大會時再確定容共政策。當時廣東已經統一了，所謂經過一個段落之後，便必有一個風潮發生，西山會議派於是決定聯蔣倒汪的策略了。當時我們二人是一道奮鬥的，他們欲把我們二人分開，所以決定聯一打一的策略。三月二十日，便是此種策略的成功！兄弟知道將來蔣同志必然明瞭的，故自動辭職離開廣州。離開以後，許久未和國內同志通消息。因為知道蔣同志終必明瞭，為避去一切離間挑撥，所以緘默不發一言。如果大家說兄弟不應該辭職、不應該去國，致黨的裂痕益深，這是兄弟甘願受大家的責備的！

兄弟離開廣州以後，往法國讀書。學生的心情，彼此是一樣的。當七、八月的時候，看見法報載中國革命軍的勝利，以為可以安心讀書。雖則有時看見報上說某同志戰死了，覺得很難過。九、十月的時候，病得很利害，不能思想。十二月以後，漸漸好了，連接中央及蔣介石同志的電報，催促回來。今年二月間，蔣同志又來一個電報，說你如再不回來，我也走了！那時心裏才十分難過，不能再讀書，精神與書本子已不能聯在一起了。後來再接一個電報說黨要分裂了，於是兄弟便不能不回來了。

　　回到上海的時候是四月一號，那時蔣介石、吳稚暉、蔡孑民、李石曾幾位二十多年來大家在一起的同志都見面了。見面之後，蔣同志等提出兩件事，要兄弟贊成。一是趕走鮑羅庭[55]，一是分共。從四月一號到五號一共五天，大家都是商量這兩件事。蔣同志等對於這兩件事很堅決的，以為必需馬上就做。而兄弟則以為政策關係重大，不可輕變。如果要變，應該開中央全體會議來解決。蔣同志等説道，中央已開過第三次全體會議了，全為共產黨所把持。兄弟説道，如此可以提議開第四次全體會議，以新決議來變更舊決議。而且南京已經克復，中央黨部和國民政府，可以由武漢遷到南京。第四次全體會議，即可以在南京開會，會議怎樣決定，兄弟無不服從。如不由會議決定，恐分共不成，反致陷黨於粉碎糜爛，這是兄弟所不能贊成的。

　　於是兄弟自任前往武漢，向中央提議，將中央黨部和國民政府遷往南京，並提議開第四次中央全體會議，以討論決定蔣同志等所提議之事件。蔣同志等很不贊成兄弟往武漢去，而兄弟則以為不得不行，遂於四月六日下船。在船中寫了三封信，兩封是下船後即發的，一是寫給蔣介石同志、一是寫給張靜江同志。信中大意是説，最好能夠在四月十五左右開中央全體會議，來解決一切。隨後又寫一封信給李石曾同志，説明十三年改組的精神，不可犧牲；黨的紀律，不可不守；黨的組織，不可破壞。這封信，在南京未曾宣佈過，只看見李石曾同志所編《革命》曾發表覆兄弟的一封信。而於信末説明，原函未經本人同意，不便發表，只能列舉出幾點來，並且説「汪精衛先生的主張，與吳稚暉先生不同。汪注意於黨的組織和紀律，而吳則注重以革命手段行之。我是贊成吳的主張的。」這封原信，現時已沒有發表的必要。然從這封原信看來，可見當時兄弟等主張，確有多歧及其分歧之所在了。

　　四月十日，兄弟到了武漢，聞得中央黨部和國民政府已決定移往南京，極為欣慰。以為分裂之禍，庶幾可免。不料十二日以後，便接得南京、上

---

55 又譯作鮑羅廷 Mikhail Markovich Gruzenberg

海實行分共的消息，並且接得南京成立中央黨部及國民政府的消息。兄弟每日均有電報去反對及阻止，至十五日而消息證實，十七日而武漢中央黨部也決定免蔣同志的職了。

以上的情形如此，在兄弟當時看來，以為蔣同志等是不對的。但是如今看來，不但不是蔣同志的不對，而且是兄弟的不對。因為當時蔣同志等見兄弟不肯聽他們阻止的話，定要往武漢去，不但對武漢同志失望，對兄弟也失望了，所以不待兄弟往武漢去的結果如何而馬上就在南京幹起來。而兄弟往武漢去的結果，卻不出蔣同志等所料，徒然增加了反對蔣同志的聲勢。所以兄弟事後批評，不說蔣同志不對，而說兄弟不對。這是事實，並不是什麼違心之論。

於此有一句附帶聲明的話。四月四日，兄弟曾同陳獨秀發表過一篇關諜宣言，這篇宣言是有來歷的。當四月一、二、三日，吳、蔡、李諸同志曾對兄弟說，共產黨已提出「打倒國民黨」、「打倒三民主義」的口號，並要主使工人、衝入租界、引起衝突，使國民革命在外交上成一個不可解的糾紛，以造成大恐怖的局面。兄弟聽得，十分驚訝，曾將這些話質問陳獨秀，陳獨秀力稱決無此事。兄弟以之轉告吳、蔡、李諸同志，吳同志說：「這是口頭騙你的話，不要信他」，兄弟又以之告陳獨秀。陳獨秀遂親筆作書，並親筆作此宣言，以解釋諜傳、表明態度。如今親筆書函，還在兄弟這裏。這一段事，本無關正文，因有人誤會謂這篇宣言乃是主張國、共兩黨聯合治國的，故不能不附帶說明幾句。

如今再說，自從四月十五日甯漢分裂之後，一般忠實同志從黨的組織和紀律着想的，都服從武漢中央黨部和國民政府的命令，以反對蔣同志等。然而，並不因此而停止了北伐的進行。所以十七日免蔣同志職，十九日依然誓師北伐。關於北伐的事，不在今日演述的範圍，如今當說說武漢分共的經過了。

　　武漢分共的經過，由四月中旬至七月中旬共三個月，經過三個階段。第一階段是裁制共產黨徒違反本黨主義政策之言論行動，第二階段是和共產黨和平分離，第三階段是以嚴厲手段驅除共黨。如今逐一說來。

　　當四月中旬，兄弟到了武漢，看見那邊情形，不但不像十、三四年間的廣東，也不像十五年間的廣東了。其時武漢已成為共產黨把持的局面了，只看工人運動、農民運動，其理論與方法已完全是共產黨的，而不是國民黨的了。一般忠實同志，痛心之極。然而主張立時分共是做不到的，因為四月十九日已誓師北伐，第四方面軍陸續出發，沿京漢路線，和張作霖作戰。第四方面軍的主力部隊如張發奎軍長所統率的第四軍、第十一軍，及唐生智總指揮所統率的第三十五軍、第三十六軍，在容共時代，自然有不少共產分子雜在裏頭。

　　吳先生曾責備兄弟，為什麼說和共產黨死在一塊、生在一塊，其實這是容共時代的事實。十四年間東征時候和十五年間北伐時候，死屍堆裏可以證明。即如此次北伐，蔣先雲等確是共產黨人，確是和國民黨忠實的武裝同志死在一塊的。當第四方面軍在前方和張作霖作死戰的時候，如果後方同志發生分共問題，則聯合戰線為之搖動，無異給張作霖以一個絕好的機會了。所以當時一般忠實同志，雖明知已到了國、共兩黨爭生死存亡的時候，不是共產黨將國民革命帶往共產主義那條路上去，便是國民黨將國民革命帶往三民主義那條路上去，已是無可並存的，然而為前方武裝同志着想，不便提出分共問題，而祇提出裁制違反本黨主義政策之言論行動。由四月下旬至五月中旬，中央黨部決議在湖南、湖北、江西等省組織特別委員會，檢查各級黨部、各級政府機關、各種民眾團體之一切言論行動，便是此意。可是，國民黨和共產黨的惡感，從此日深，而鬥爭亦從此開始了。

　　及至五月二十一日，湖南長沙發生反共風潮，當時蘇俄代表鮑羅庭等，及中國共產黨徒都要求中央黨部，對於長沙事件，加以嚴重之處置。及至

六月一日，蘇俄代表羅易[56]忽然約兄弟去談話，說：「莫斯科曾有一種決議案，給我與鮑羅庭的。鮑羅庭有給你看沒有呢？」我說：「沒有」，他說：「我可以給你看。」他於是把那決議案給我，一是俄文的，一是中文的（中文的是他們自己翻譯出來）。兄弟看過以後，覺得嚴重時期已到了。兄弟說：「可以給我嗎？」他當時有點遲疑，最後才說：「今天晚上送給你，因為要修改幾個字」，晚上果然送來。兄弟如今將這決議案原文送給主席，以備各位同志的參考。那決議案有幾點很要注意的：

第一點、是說土地革命，主張不要由國民政府下命令，要由下面做起，實行沒收土地。這實為湖南事變的原因，為農民運動脫離了國民黨的原因。

第二點、對於軍官和士兵的土地，不要沒收，以避免軍官和士兵的反對。

第三點、要改造中國國民黨中央執行委員會，在執行委員會中，增加農、工領袖。其實即是要增加共產黨人去，他不說穿便了，並且公然的說，國民黨現在的構造，必須變更。

第四點、要武裝二萬CP黨員，並挑選五萬農、工分子武裝起來。他說的農、工分子，其實也即是指共產分子。

第五點、是要國民黨領袖組織革命法庭，來裁判反共產的軍官。這是要國民黨領袖替共產黨做劊子手，來自己殺自己。

這決議案的內容大概如此，拿剛纔的譬喻來說，已到了爭船的時候了、已到了爭把舵的時候了。要將國民革命帶往共產主義那條路去的，不能不將國民黨變做共產黨，否則只有消滅國民黨之一法；要將國民革命帶往三民主

---

56 Manabendra Nath Roy

義那條路去的，不能不將共產黨變做國民黨，否則只有消滅共產黨之一法。正如一隻船有兩個把舵的、有兩個不同的方向，除了趕去一個，更無他法。恰好這個時候，第四方面軍已在河南打破張作霖的軍隊，收復黃河以南。兄弟等便於六月六日前赴鄭州，商量第四方面軍班師回武漢的事。

六月十三日，兄弟等回到武漢，第四方面軍也陸續班師回來。在那時候，兄弟忽然聽得羅易要走了，不解其故。後來纔知道，羅易因為將那決議案交給兄弟，大受鮑羅庭的責備。羅易的意思，以為國民黨左派必當與共產派同其生存，否則必為右派所消滅，故應該將這決議案給左派知道；鮑羅庭的意思，則以為國民黨左派和共產派不同，他仍然是為國民黨的，見了這決議案必然和共產黨決裂，責羅易的輕率誤事。中國共產黨多數是幫助鮑羅庭的，遂將羅易驅逐回去。兄弟等知道這個消息，當然更加緊張。於是從六月中旬起，一面集合中央黨部非共產黨的同志，商量和共產黨分離的方法；一面集合非共產黨的武裝同志，將那決議案宣布，請他們在軍隊中留心防範，聽候中央議決、努力奉行。鮑羅庭聞此消息，不能不走。而中央執行委員會遂於七月十五日議決，在一個月內開第四次中央全體會議，來討論決定分共的問題。在未開會以前，裁制共產黨人違反本黨主義政策之言論行動；可是同時又發布命令，保護共產黨人之身體自由。

由此可見，中央雖然因為發現共產黨消滅國民黨之陰謀，不得已而與之分離。然其分離必經過鄭重的手續，且其分離必採用和平的方法，而不用激烈的行徑。無如七月十六日，中央方纔宣布以上的決議和命令，而同日市上已看見共產黨七月十三日的傳單，宣言中國共產黨中央委員會議決，撤回參加國民政府的共產黨員，惟共產黨員仍須加入國民黨、不能退出。及至七月二十日，又看見中國共產主義青年團七月十九日的傳單，宣傳大意相同，對於國民黨厚誣醜詆，無所不用其極。我們其初還不明白，何以共產黨員退出國民政府後，仍要留在國民黨裏呢？後來看見莫斯科的電報，纔知道共產黨留在國民黨裏，為的是好從中取事，以破壞國民黨。而其所以退出國民政府，為的是可以

明目張膽，做破壞國民革命的工作。所以電報裏頭要共產黨人在國民黨裏，建立非法的戰鬥機關，其用意至為明顯。兄弟如今將這兩種宣言和一個電報也都交給主席，留與各位參考。

中央黨部看破了共產黨這種陰謀，所以一面訓令國民政府，允准共產黨人一律退出；一面訓令軍事委員會，通飭國民革命軍各部隊長官，將共產黨人一律撤去。因為國民革命軍是國民政府的軍隊，共產黨人既然退出國民政府，便沒理由仍然存留在國民革命軍裏頭。要想利用軍隊的地位，以為破壞國民政府的利器，這種一相情願的事，是不可能的。共產黨經此一番嚴密的防範之後，知道計無所施了，只有糾合賀龍、葉挺一般黨徒在南昌發難，以希圖一逞。南昌之變，江西備受荼毒，其流毒且及於廣東，國民黨遂不得不由和平的分共而進於嚴厲的「驅共」了。

以上便是武漢分共經過之大略。

武漢分共的經過是很艱苦的，尤其五、六月間最為危險。在河南的軍隊和多一倍的張作霖軍隊打仗，而楊森軍隊又到了新隄。如拿廣東來說，好比敵人已到了黃埔；夏斗寅軍隊到了土地堂，即好比敵人到了沙河。而下游又天天要來進攻，四面都受敵人的包圍，共產黨乃乘人之危！德國有一種報紙，譯登蘇俄中央的會議錄，其中有一段是杜洛斯基質問史達林，何故仍要助武漢國民黨；史達林答道，因為武漢國民黨已在共產黨的掌握中。可見共產黨在當時的勢焰了。

分共的時候，武漢同志發表許多文章。兄弟也有一篇，題為〈夾攻中之奮鬥〉，說我們雖是孤軍，但不要怕。我們要在四面夾攻中奮鬥，以三民主義總理給我們的精神去奮鬥。有三民主義總理的精神擺在我們面前，鼓舞我們奮鬥的！我們分共是與張作霖的討赤、帝國主義的反赤不同，我們是為國民黨而分共、是為三民主義而分共的！

分共之後是不是有青黃不接的現象？不錯，是有的。譬如一個人腹內有病，不能不用剖腹的手術。剖腹之後，至少要臥床二、三星期纔能起來。可是，如不割去即死，割去纔可以生！國民黨到了五、六月間不能不分共，也和人腹內有病不能不開割一樣。開割後之暫時虛弱是必然的現象，是須培補元氣，便能回復健康。

所不幸的，國民黨於剖腹之後，健康未復便發一場大熱。這個熱症，就是南京的特別委員會。然而這個熱症，是可以用精神來治好的。廣東在四月間已實行分共、武漢則到七月才能分共，然而分共以後同是害着南京特別委員會這個熱症。我們如今須要推倒南京特別委員會，纔能不辜負當時的分共。試想，如果說不要黨紀，如何能以黨治國？如何能以黨治軍？其結果必致變為以軍治黨。如此，這一個兵力大的，便去打那一個，互相爭殺，了無窮期，革命永不能成功。故現在割後之熱症，不能不以全副精神去治好他。

今天報告完後，希望大家下一個最大的決心。在最短時期以內，治好這割後的熱症，即是推倒南京特別委員會！大家在黨的主義下、黨的紀律下、黨的組織下，實行三民主義！我們既能用開割的手段來肅清共產黨，必然能用肅清共產黨的精神來推倒南京特別委員會。能夠把共產黨肅清，誠然是一部分的必要工作。但須知道消極的肅清工作是不能夠的，還要做積極的肅清工作。鞏固、發達國民黨，便是肅清共產黨之根本方法。我們要在三民主義下、在黨的紀律下、在黨的組織下，把忠實努力的同團結起來，擔負這些工作，擔負救黨、救中國的責任。要能夠肅清共產黨以後，把國民黨破壞的能力、建設的能力同時發揮出來，才能算為忠實努力的同志。將來應該如何做法，現在不及詳說，只看我們的努力做到什麼田地！我們要把精神力量聚集在黨裏，對黨努力工作！各位對於兄弟關於黨的工作，若加以嚴厲的批評，是兄弟所最希望的。

出處：

- 汪精衛，〈武漢分共之經過〉，《國立中山大學校報》，第二十六期（1927年），頁29–39。

- 南華日報編輯部編，《汪精衛先生最近演說集》（香港：南華日報，出版日期缺），頁109–137。

- 三民公司編，《汪精衛全集》第一冊（上海：三民公司，1929年），頁82–104。

關於廣州十二月十一日事變之宣言

一九二七年十二月十三日

自從十一月十七日廣州事變發生以來，黨中同志對此事件顯然有兩種不同的主張。

甲種認定張發奎等是共產黨。此次事變完全係受第三國際之命令，要割據有海口的地方來做根據地，以便和蘇俄交通。

乙種認定張發奎及其所部都是本黨有歷史的、忠實勇敢的武裝同志。雖然裏頭保不住沒有共產黨混迹在內，然只須隨時考察、隨時剔除出去，決不能認張發奎之行動為共產黨之行動。

這兩派主張雖不是絕對不同，而實有大大不同的所在。加之甲種對於特別委員會之取消、第四次中央全體會議之即開、中央執行、監察兩委員會之恢復，似乎不甚熱心主張，至少也覺得遠沒有清黨那般重要。所以對於此次事變認為小題大做，甚或認為別有用心；乙種則向來主張在腐化份子與共產惡化份子兩重夾攻中拚命奮鬥，所以對於特別委員會之取消、第四次中央全體會議之即開、中央執行、監察兩委員會之恢復，認為是本黨存亡之關鍵，至少也與清黨同樣重要。不恤以重大的犧牲，求其成功。本黨同志，如吳稚暉、李石曾等，其所主張屬於甲種，而我們的主張則屬於乙種。

如今，先要以最簡單的說話，來說明我們所以反對特別委員會之原故。

特別委員會之發生，原於十一、二、三等日之上海老同志談話會。漢、寧、滬三方各派出同志數人，以交換意見。漢方所派出的：汪精衛、譚延闓、孫科、朱培德四人。當時寧、滬兩方同志既都反對開第四次會議，而特別委員會之主張卻又是由孫科同志提出，漢方同志自然不在談話會中得到貫澈開第四次會議的主張之機會。及至于右任、程潛趕到，則談話會已經決定了。但這不過是談話會，並不是法定機關，沒有拘束人的效力。

及至九月十五日，在南京開的中央會議，中央執行委員到者只譚延闓、孫科、伍朝樞、李烈鈞、朱培德、程潛、于右任七人，候補褚民誼、繆斌兩人；監察委員到者只張靜江、蔡元培、李石曾三人，候補李宗仁一人。明明不足法定人數。十二月三日，汪精衛在第四次中央全體會議預備會議裏，關於法定人數之辯論，曾説「如今，我們列席的中央委員裏共有三十多人。假如此刻有共產黨投給我們一枚炸彈，全部炸死，則未列席的幾個中央委員，便要將我們的責任都放在自己身上。開會也好、不開會也好，決沒有法定人數不足的問題，因為這是無可如何的事。」這一段辯論，我們都是承認的，卻是九月十五日的情形絕不相同。

那日中央委員不出席的，除了死的如李大釗等不算、除名的如譚平山等不算、在遠方的如宋慶齡等不算、因事不能來的如李濟深等不算、暫時消極的如胡漢民等不算，總計執行委員尚有何香凝、宋子文、王法勤、丁惟汾、汪精衛、經亨頤、顧孟餘、甘乃光、陳公博九人，候補陳樹人、朱霽青、王樂平、周啓剛四人；監察委員尚有柳亞子、陳璧君、陳果夫三人，候補潘雲超一人。不出席之委員人數，多於出席的。而且這些或現在上海、或由武漢來、或由廣東來，都是誠心誠意來謀忠實同志之聯合的。

他們所以不出席的原因，一方是不願意贊成特別委員會之主張；一方是不願意以激烈反對之言論態度，妨礙寧漢合作之前途。其中如何香凝，且痛哭流涕，以求主持其事者之覺悟。況且在出席委員中，如于右任、朱培德等還

不是怎樣贊成特別委員會的。多數委員之意見如此，以致會議不足法定人數，無論如何，照開會常例，只有停會。而主持其事者卻主張硬造，明知中央全體會議不足法定人數，卻主張開什麼臨時會議。試問甯漢分裂後之合作，是本黨前途一件何等大事？可以如此兒戲做法的麼？

　　臨時會議的結果，第四次中央全體會議夭折了，中央執行、監察兩委員會停閉了，特別委員會產生了。其人選姑勿論，試問如此兒戲做法，能得一般同志之信任麼？能得一般國民之信任，以達到以黨治國之目的麼？這樣，主張和平補救的或是主張激烈反對的，能說是小題大做麼？我們這些人中，如汪精衛，是參預過談話會的，所以他的態度，一直是趨於和平補救；其餘如何香凝等，便不免要激烈反對起來了。十月十一日，孫科、伍朝樞在漢口和汪精衛、顧孟餘等訂定關於黨務、政治、軍事各條，雖然不能說十分圓滿，但第四次中央全體會議總開得成，中央執行、監察兩委員會總可以恢復，我們也就覺得可以將就了。

　　誰知忽然，長江上、下游打起仗來。問其理由，是下游的武裝同志，奉了特別委員會的命令，去打上游的唐生智的。這能不能有借用兵以延長特別委員會之生命、擴張特別委員會之威權之顧慮呢？況且開戰以後，中央委員由漢口到上海的，如汪精衛等，連言論也沒有自由；如朱霽青等，連身體也被拘囚。這樣能不能有在南京不得開第四次中央全體會議之顧慮呢？我們沒了法子，始相約同去廣州，主張如果不能在南京開會，便在廣州開會。然而，及至接得南京各中央委員的覆電，主張仍在南京開會、並主張先在上海開預備會議。我們便也離開廣州，來到上海了。我們之委曲求全，還有什麼不能得到一般同志之諒解的？

　　當我們初到廣州的時候，也聽見李濟深口頭上反對特別委員會。但徵之事實，卻已奉了特別委員會的命令，出兵去打湖南了。而其出兵之方法，是以黃紹雄的軍隊，驅范石生、方鼎英、李福林的軍隊到湖南去，因此惹起張發

奎等之激烈反對，以為縱使要打湖南，也不能奉特別委員會之命令去打。同一地域中，軍隊間發生這樣衝突的意見，如何不會因意見之衝突，而惹起軍隊之衝突呢？張發奎等所以有十一月十七日之舉動，便緣因於此；我們所以同情於此舉動，也緣因於此；而李濟深對於我們提出什麼彈劾案、通緝案，也緣因於此。我們雖然沒有實際參加張發奎等之舉動，難道連批評、判斷之自由也沒有麼？至吳稚暉等推波助瀾，又提出什麼彈劾案，這無異說我們對於武裝同志是不能有批評、判斷之自由的。

以上略述以前之經過。自從昨日事變之後，我們的主張，列舉如下：

一、第四次中央全體會議之開會地點、安全保障及開會日期，既經預備會議，付託蔣介石同志悉心籌劃，我們只有絕對信任。

二、在預備會議裏，秘密議決的肅清共產黨的計劃，應該極力進行。

三、預備會議，已以全體一致議決催促蔣介石同志，繼續執行國民革命軍總司令職權了。目前的廣州事變，是總司令職權範圍內所應辦理的事，我們也只有絕對信任。我們還想貢獻些少意見，以供參考：

（甲）就昨、今兩日關於廣州事變之各種電報看來，可知張發奎不只沒有和共產黨勾結，而且正被共產黨仇視、正和共產黨作殊死戰。可見我們從前的判斷並沒有錯誤，那些以勾結共產黨誣張發奎等、並以誣我們的，是絕對的不確。

（乙）張發奎等的心迹，於此一役已經大明。但是張發奎所部，在第一、二次北伐雖曾立了不少的功勞，而今年七月間不能先事防範，致令賀龍、葉挺在南昌叛變。那時還可說是分共之初，措手不及。可是自從所部由江西回到廣州，已有幾月之整頓，簡練的工作也不為少了，何以還留著許多共產黨徒，混跡在內，不能清除？這是不能不有相當責任的；尤其是黃琪翔用著名共

黨廖尚果做第四軍政治部主任，所出《燈塔》第三、四期，言論荒謬，更是不能不負責任的。

（丙）如今有些人似乎主張張發奎等，如果是共產黨，固然要討伐；如果不是共產黨，也一樣要討伐。於是乎張發奎打共產黨的時候，他們卻去打張發奎。這就無異幫共產黨來打張發奎了，我們希望不至於有此事實。

（丁）截至如今，還沒有接到張發奎等完全克復廣州省城及完全掃滅共產黨的消息，聞說張發奎等已調西北江駐軍來會同進攻了。廣東省境內，除了張發奎所部，還有方鼎英、范石生、錢大鈞、陳銘樞、陳濟棠、徐景唐等部，以之掃滅共產黨，不愁不能辦到。只是如何調和諸將、統一軍事行動，不能不望於蔣介石同志悉心籌劃。

以上四點，是我們貢獻於蔣介石同志的意見。末了，我們還有幾句話，對一般民眾及一般同志說。如今，國內有兩種惡勢力，一是腐化、一是共產惡化，不斷的向我們進攻。我們對腐化勢力奮鬥的時候，共產惡化的勢力便來襲擊我們；我們對共產惡化奮鬥的時候，腐化勢力便也來襲擊我們。這奮鬥是不容易的，但是我們相信，我們的奮鬥必終於得到最後的勝利。因為腐化勢力，已從根本的暴露其弱點；至於共產惡化的勢力，已於南昌一役窮兇極惡的暴露於一般民眾之前。這一次在廣東暴動，更足證明，其為一般民眾之公敵。一個共產黨徒和一條毒蛇、一隻猛獸一樣，決不能聽他留種於人世的。其根本消滅，就在目前。我們耳裏聽着廣州慘烈的砲聲；我們眼裏看見廣州殺人放火的兇暴殘忍之狀態。我們應該消極的掃滅這些為人類毒害之勢力；我們應該積極的將本黨之主義政策，逐步的建設起來、實現起來。

十六年十二月十三日
汪兆銘、陳樹人、甘乃光、陳璧君、顧孟餘、
何香凝、王法勤、潘雲超、王樂平

出處：

- 〈共黨搗亂廣州後各方之應付〉，《申報》（上海），1927年12月14日，版13-14。

- 〈汪何等始終一詞〉，《時報》（上海），1927年12月14日，版4。

- 南華日報編輯部編，《汪精衛先生最近演說集》（香港：南華日報，出版日期缺），頁189-198。

- 三民公司編，《汪精衛全集》第一冊附錄（上海：三民公司，1929年），頁6-13。

- 啟智書局編，《汪精衛文存》（上海：中山書局，1935年），頁315-320。

個人引退之電報

一九二七年十二月十七日

中央執行、監察各委員，蔣總司令暨各同志均鑒：

　　自南京特別委員會發生以來，兆銘奔走滬、漢間，以開第四次中央全體會議、恢復中央、執行監察兩委員會、取消特別委員會，與諸同志一致主張，求其實現。

　　十月十一日，偕南京代表由滬赴漢。甫簽定黨務、政治、軍事諸條件，而南京即對武漢用兵，良為兆銘所不料。因是復有廣州之行，以期貫澈諸同志所欲實現之主張。十一月十八日，即由廣州至上海，曾向各方說明此旨。且對於懷疑廣東軍事長官張發奎等之態度者，亦根據觀察為之說明，謂張發奎等決非共黨，惟共黨正欲窺伺廣州，兼欲入寇張發奎等所部。關於廣州事件，必須亟以黨的決議為適當之處分。若內爭不已，徒為共黨所乘。

　　何期不幸言中，果有十二月十一日之變。廣州全市，慘遭焚殺。假使張發奎等果為共產黨徒或與共產黨徒相勾結，則兆銘昧於知人，雖萬死不足以蔽辜。惟徵之事實，則此次禍變，乃由共產黨徒乘張發奎等調兵西北江，得間竊發。而張發奎等於變起倉猝之際，猶能率兵戡亂，前後三日，即已蕩平。雖追原禍始，不能不責其事前防制之疏。而其無共產嫌疑，則已大白於天下；況張發奎等於禍變戡定之後，即相率自劾。其救黨之初心，與其無挾持武力延長內爭之意，亦已大白。此後關於軍事之一切措置，自有蔣總司令悉心籌劃。必能永弭共禍，兼杜內爭。

　　數月以來，兆銘以參加反特委運動之故，備受特委方面之仇視。始則惴惴然，惟恐兆銘無共產嫌疑，不惜百方以圖污衊；今則又惴惴然，惟恐無所藉口，不惜別立名目，甚至不惜毛舉甯漢分裂時代之議論文字，以圖抉已合之創痕。夫果救黨主張能確實達到，則個人問題，直同敝屣。當兆銘在預備會議提議催促蔣總司令繼續執行職權之際，固已附帶聲明，願個人引去，以息糾紛矣。共禍發生以後，心摧髮指，誠不能置身事外。今則已值其時，惟禍變初平，瘡痍滿目，不能與國人綢繆善後，共此艱危，所由引為深憾者耳。

　　於此尚有一言者，清黨固當務之急，而救黨亦目前要圖。第四次中央全體會議不可不開、中央執行、監察兩委員會不可不恢復、特別委員會不可不取消。彼腐化之徒決不能因緣際會，以延其殘喘。惟諸同志勉之而已。汪兆銘。篠[57]

案：此電係十二月十七日所發，即日汪精衛離了上海。

出處：

- 汪精衛，〈個人引退之電報〉，《貢獻》第三期（1927年），頁31–32。
- 南華日報編輯部編，《汪精衛先生最近演說集》（香港：南華日報，出版日期缺），頁199–201。
- 恂如編，《汪精衛集》第四卷（上海：光明書館，1929年），頁107–109。
- 中山書局編，《汪精衛先生的文集》（上海：中山書局，出版日期缺），頁100–102。

---

57 十七日

以下書目為汪精衛曾出版的著述、彙編或叢書，
涵蓋政治文章、演講、書信及電報，詩詞著作請參閱
本系列《汪精衛詩詞彙編》上、下冊。

汪精衛攝於一九三六年七月間

書目表

此處只羅列汪精衛政論文章出版專書

- 《汪精衛先生最近演說》（法國：都爾中華印字局，一九一九年）

- 《中國國民黨史概論》（廣州：中國國民黨陸軍軍官學校政治部，一九二五年）

- 《汪精衛先生演說集》（上海：中國印書館，一九二五年）

- 《巴黎和議後之世界與中國》（上海：民智書局，一九二六年）

- 《汪精衛演說集》（上海：中國印書館，一九二六年）

- 《汪精衛演講錄》（上海：中國印書館，一九二六年）

- 《中國國民黨講演集》（上海：中山書店，一九二七年）

- 《汪精衛先生文選初集》（廣州：民智書局，一九二七年）

- 《汪精衛先生演說詞》（漢口：中央日報，一九二七年）

- 《國民會議國際問題草案》（北京：北京國際問題研究會，一九二七年）

- 《汪精衛先生去國後之言論》（天津：中國國民黨河北省黨務指導委員會宣傳部，一九二九年）

- 《汪精衛全集》（全四冊）（上海：三民公司，一九二九年）

- 《汪精衛集》（全四集）（上海：光明書局，一九二九年）

- 《黨國要人汪精衛最近言論集》（上海：大東書局，一九二九年）

- 《汪精衛先生致各黨部各同志書》（香港：南華日報編輯部，一九三〇年）

- 《最近約法論叢》（香港：南華日報編輯部，一九三〇年）

- 《汪精衛先生最近言論集》增訂本（香港：南華日報編輯部，一九三一年）

- 《復興中國國民黨》（廣州：中國國民黨中央執監委員非常會議，
  一九三一年）

- 《汪精衛言行錄》（上海：廣益書局，一九三三年）

- 《汪精衛文存》（上海：啓智書局，一九三五年）

- 《汪精衛文選》（上海：仿古書店，一九三六年）

- 《汪精衛先生最近言論集上下編》（上海：中華日報館，一九三七年）

- 《汪精衛先生最近之言論》（上海：中華日報館，一九三七年）

- 《汪精衛先生抗戰言論集》（漢口：獨立出版社，一九三八年）

- 《汪精衛先生最近言論集續編》（香港：南華日報社，一九三八年）

- 《抗戰與建國：汪精衛先生最近演講》（香港：南華日報社，一九三八年）

- 《汪兆銘全集》（東京：東亞公論社，一九三九年）

- 《汪兆銘言論集》（東京：三省堂，一九三九年）

- 《汪精衞先生重要建議》（香港：南華日報社，一九三九年）

- 《舉一個例：汪先生最近重要論文》（上海：中華日報館，一九三九年）

- 《汪主席和平建國言論集》（南京：國民政府宣傳部，一九四〇年）

- 《主席訪日言論集》（南京：國民政府宣傳部，一九四一年）

- 《汪主席和平建國言論集續集》（南京：國民政府宣傳部，一九四二年）

- 《汪精衞先生行實錄》（東莞：拜袁堂，一九四三年）

- 《陸海軍人訓條淺釋》（出版社未明，一九四三年）

- 《汪精衞文選》（台北：古楓出版社重印，一九八六年）

- 《汪精衞先生最近演說集》（香港：南華日報編輯部，出版日期缺）

- 《汪精衞先生的文集》（上海：中山書店，出版日期缺）

鳴謝

本書內容橫跨二十世紀首四十多年，其出版取決於多人的努力。首先，感謝許育銘教授為《汪精衛政治論述》賜序，使本書增色不少。要從汪精衛為數眾多的作品中輯錄成冊，是一項艱鉅任務，得益於方君璧贈送何孟恆十五冊的汪精衛文集，讓父親能以此為根基，挑選出其認為最能代表汪氏一生的一百二十一篇文章，也為我們書籍出版工作鋪上了一條平坦的道路，僅此向二人貢獻致上無窮謝意。

感謝我們編輯團隊的努力，使諸多文章可以結集成書：李耀章撰編輯前言；李瀟逸、蔡旻遠、郭鶴立、劉名晞搜羅書籍資料；王克文與許育銘教授多次解惑，並分享收藏；蘇維初教授協助搜掘資料；朱安培轉錄大部份文章文字；高凌華、郭鶴立、方通力（Tom Fischer）、蒙憲、李雲彩、許豪珊校閱諸篇文章。感謝八荒製作團隊設計是次版面，並負責排版，也感謝廖品淳於製作上提供協助。

最後，此匯校本實有賴朱安培與李耀章莫大之付出，他們搜掘諸多一手資料，以此校勘、訂正各版文字，更重新審訂全書標點斷句，務求以最低限度的編輯，大大促進本書可讀性，此點尤其有益於現今讀者。感謝他們為本會宗旨「透過汪精衛自己的話，更完整了解汪精衛」所作之貢獻。

雖然本書僅代表汪精衛一部份著作，但卻能為了解汪氏的政治生涯，提供一個清晰的線索。

何重嘉
汪精衛紀念託管會